KB166875

SPARKNOTES

리바이어던

Leviathan

토머스 홉스

다락원 | Spark Publishing

SPARKNOTES™ 018

리바이어던

펴낸이 정규도
펴낸곳 (주)다락원

초판 1쇄 인쇄 2009년 4월 20일
초판 1쇄 발행 2009년 4월 27일

책임편집 안창열
디자인 정현석
번역 윤한정
표지삽화 손창복

다락원 경기도 파주시 교하읍 문발리 509-1
내용문의: (031)955-7272(내선 400)
구입문의: (02)736-2031(내선 112~114)
Fax: (02)732-2037
출판등록 1977년 9월 16일 제300-1977-23호

Copyright ⓒ 2009, 다락원

값 7,000원

ISBN   978-89-5995-183-3   43740

http://www.darakwon.co.kr
일이관지(一以貫之) 논술팀이 제시한 실전 연습문제 답안작성
논술가이드는 www.darakwon.co.kr에서 무료 제공합니다.

세계의 교양을 읽는다

고전을 왜 읽는가?

인간의 삶과 세상에 대한 영원한 물음이 있기 때문이다. 시대와 사상을 뛰어넘어 지금 여기 우리에게 필요한 물음이 없는 고전은 더 이상 고전이 아니다. 인간과 삶에 대한 근원적인 물음 없이 고전을 읽는다면 자신과 인간에 대한 성찰과 지혜로 이어지지 않는다. 논술 시험 때문에, 과제물 때문에, 아니면 남들이 읽으니까, 나도 읽는다는 식이라면 그 책은 죽은 책일 수밖에 없다.

고전을 살아 있는 책으로 만드는 이 '물음!'에 답하기 위해서는 좋은 길잡이가 필요하다. 오랜 기간 동안 미국의 고교생과 대학 주니어들이 시험, 에세이 작성, 심층토론 준비를 위해 바이블처럼 애용해온 'SPARKNOTES'와 'CliffsNotes'는 바로 그런 좋은 길잡이의 표본이다. 이 두 시리즈가 원조 논술연구모임인 '일이관지(一以貫之)' 팀의 촌철살인적 해설을 곁들여 논술로 고민중인 대한민국 학생 여러분을 찾아간다.

SPARKNOTES와 CliffsNotes의 가장 큰 장점은 방대하고 난해한 고전을 Chapter별로 요약하고 분석해서 원전의 내용에 보다 쉽고 체계적으로 접근하는 신속·간편성이라고 할 수 있다. 여기에 '一以貫之' 팀이 원전의 중요한 문제의식, 즉 근원적 '물음'은 무엇이며, 그 '물음'은 오늘날에도 여전히 유효한가, 라는 질문을 다시 던진다.

대입논술로 고민하고, 자칭 타칭의 고전이 넘쳐나는 오늘의 독서풍토에서 지적 정복이 긴박한 대한민국 학생들에게 감히 이 시리즈를 자신있게 권한다.

—以貫之 논술연구모임 연구실장 이호곤

차례

이 책의 구성

SPARKNOTES와 CliffsNotes는 방대하고 난해한 원작을 보다 쉽게 이해할 수 있도록 돕는 안내서입니다. 여기에는 원작 이해를 돕기 위해 매 장마다 '요점 정리(또는 줄거리)'와 '풀어보기'가 실려 있습니다. '요점 정리(또는 줄거리)'에는 원저의 내용을 일목요연하게 정리해 놓아 저자가 전달하려는 내용을 어렵지 않게 파악할 수 있습니다. '풀어보기'에서는 철학서의 경우, 원저에 담긴 저자의 사상이나 관련 철학, 시대 상황, 논점 등을, 문학 작품인 경우에는 원작에 담긴 문학적 경향, 등장인물의 심리상태, 주제 등을 설명해 놓았습니다. 분석적이고 비판적인 글읽기의 바탕이 되는 요소들이죠. 비소설이나 소설을 막론하고 분석적이고 비판적인 글읽기는 독자에게 꼭 필요한 자질입니다.

그밖에도 원저를 좀더 깊이 복습해서 제대로 소화할 수 있도록 돕기 위해 'Study Questions'와 'Review Quiz' 등을 마련해 놓았습니다.

* 〈 〉는 철학서, 장편소설, 중편소설, 수필집, 시집. " "는 단편소설, 논문
* 작품명은 독자의 이해를 돕기 위해 예외적인 경우를 제외하고는 영어식으로 표기함.

○ 일이관지(一以貫之) 논술노트

권말에는 일이관지 논술팀에서 작성한 논술노트가 실려 있습니다. 원저를 우리의 삶과 연계시켜 비판적 사고와 논리적 글쓰기의 방향을 제시합니다.

○ 실전 연습문제

논술예제와 기출문제를 통해서는 원작을 바탕으로 출제 가능성이 높은 논점을 함께 숙고해 봅니다.

간추린
명저
노트

맘스베리*의 토머스 홉스 Thomas Hobbes는 두려움과 함께 살았다. 자서전에는 1588년 자신이 태어난 날 스페인 무적함대가 영국을 침공하기 위해 항해에 나선 사실을 알게 된 어머니가 너무 놀란 나머지 조산을 하게 되면서 '두려움과 나는 쌍둥이로 태어났다'고 적고 있다. 실제로 두려움은 홉스의 글에서 의미심장한 주제이자 그의 인생이야기와 철학 체계의 뼈대다.

홉스의 대표적 저서이면서 17세기의 중요한 철학 문헌들 가운데 하나인 〈리바이어던 *Leviathan*〉(1651)은 어떻게 보면 부분적으로는 청교도 혁명**이란 정치적 격랑 속에서 경험한 두려움에 대응하기 위해 저술했다고 할 수 있다. 1640년대, 홉스는 의회가 국왕 찰스 1세에게 등을 돌리려고 한다는 것이 분명해지자 왕당파로서 국왕을 지지해온 이력 때문에 처형될 것이 두려워 프랑스로 피신해 그곳

---

* **맘스베리**(Malmesbury): 런던에서 서쪽으로 155km 떨어진 윌셔의 고도(古都)이며 영국에서 가장 오래된 도시 가운데 하나. 토머스 홉스의 고향.

** **청교도 혁명**(Puritan Revolution, 1642-60): 의회당파와 왕당파가 벌인 정치적 폭력 사태로 영국 내란(English Civil War), 영국 혁명(English Revolution), 대반역(Great Rebellion)으로도 불린다. 의회주의자이자 청교도 지도자였던 올리버 크롬웰이 승리하면서 1649년에 찰스 1세를 처형하고 공화정을 시작했다.

에서 11년을 살았다. 그리고 그 시기에 1630년대부터 구상해오던 정치학과 자연과학에 담긴 철학을 현란하게 조화시켜 집필한 책이 〈리바이어던〉이다. 의회가 찰스 1세를 단두대로 보내고 공화정이란 이름으로 국권을 차지한 지 2년이 지난 뒤의 일이었다.

〈리바이어던〉에서 역설한 절대 통치권의 필요성은 청교도 혁명 이후의 정치적 불안기에 등장했고, 때마침 공화파에서도 유럽의 다른 나라들을 향해 국왕 시해를 정당화하기 위한 논문들을 쏟아내고 있었다.(대표적인 예는 존 밀턴*의 "왕후장상(王侯將相)의 종신재직권 Tenure of King and Magistrates") 이 책은 출간 당시에는 급진적인 정치적 논거 때문에 커다란 논란을 불러일으켰을 뿐만 아니라 홉스가 사용한 철학적 방법 역시 수많은 동시대인들을 분개시켰고, 심지어 절대 통치권을 외치고 있는 홉스를 지지했을 만한 로버트 필머** 같은 논객들마저 등을 돌리는 결과를 낳았을 정도였다.

기계론적인 우주관이 그 바탕인 홉스의 유물론적 철학은 모든 현상이 순전히 물질과 운동의 관점에서 설명될

---

* **존 밀턴**(John Milton, 1608-74): 영국 서사시인. 청교도 혁명으로 수립된 크롬웰 정부에서 장관을 지냄. 주요 저서는 〈실낙원〉 등.

** **로버트 필머**(Robert Filmer, 1588-1653): 영국 정치사상가. 왕권신수설을 주장했으며, 사회계약설을 반대했다. 주요 저서는 〈가부장론(家父長論)〉 등.

수 있다고 보았으며, 형체가 없는 영령이나 몸을 벗어난 영혼 같은 개념들을 거부했다. 그 결과, 많은 비평가들은 홉스를 무신론자로 규정했으며(엄밀한 의미에서는 무신론자가 아님), 사람들은 '홉스' 하면 무신론과 의도적으로 끔찍하게 왜곡된 〈리바이어던〉을 연상하고 '맘스베리의 괴물' 또는 '나라의 식인도깨비'란 별명을 붙여주었다. 홉스의 저서들은 1666년에 모교인 옥스퍼드 대학교에서 불태워졌는데, 이때의 화염은 의회에서 런던 대화재의 원인이라고 비난했을 만큼 대단했다. 청교도 혁명의 후유증을 앓던 영국의 혼란스러운 분위기에서 홉스의 저돌적인 제안들은 이처럼 격렬한 반향을 불러일으켰다.

홉스는 〈리바이어던〉이 물의를 야기시킬 것이라고 다분히 예상했다. 이 책의 내용이 공화정이 가장 강성하던 시기(올리버 크롬웰의 호국경 취임은 1653년, 찰스 1세의 황태자가 프랑스 망명에서 돌아와 찰스 2세로 즉위하면서 시작된 왕정복고는 1660년)에 왕정의 부활을 옹호하면서 철학적·정치적 지식의 근간에 대해서도 문제를 제기했기 때문이다. 전통 철학은 반박의 여지가 없는 결론들에 도달한 적이 없으며 오히려 쓸데없는 궤변과 알맹이 없는 수사만 늘어놓았다면서, 확고한 진리, 즉 만인이 동의할 수 있는 주장들이 가능하도록 철학을 개혁하자고 요구했던 것. 결과적으로 홉스의 철학은 인간의 본성, 사회, 그리고 적절한 정부의 근본 양상들에 대한 이견을 차단하기 위한 것이었다. 게다가 내란도 정치적 지식의 뼈대인 철학적 토대들에 관한 이견에 기인한다고 믿었기 때문에 개혁 철학의 계획은 전쟁 상황을 종식시키려는 것이기도 했다. 홉스에게 내란은 근원적인 공포이면서 공포의 극한이었다. 따라서 국가를 개혁하고 그것을 통해 두려움을 없애려고 철학을 개혁하고자 했던 것이다.

17세기 초 프랜시스 베이컨*도 '위대한 혁신'**이란 철학 개혁을 모색했다. 그의 구상은 자연적 사실들에 대한 관찰을 바탕으로 하는 귀납적인 철학(구체적인 사례나 사실들로부터 일반 원리들을 이끌어내는 방법)이었고, 그 체계의 실험적인 자연 조작은 과학 혁명***이라는 역사적인 시대의 발전에 큰 영향을 주었다. 이 체계도 홉스의 체계처럼 전통적인 철학 지식을 신뢰할 수 없다고 배격하는 한편, 자연을 모든 진리 주장의 유일하고 확실한 기초로 받아들인

---

* **프랜시스 베이컨**(Francis Bacon, 1561-1626): 영국 경험주의 철학자. 고대·중세의 낡은 학문과 사상을 타파하고 근대 과학의 새로운 연구 방법을 발견하고 수립했다. 주요 저서는 〈신논리학(신기관)〉 등.

** **위대한 혁신**(Great Instauration): 베이컨이 학문 연구에서 아리스토텔레스의 독재를 무너뜨리고 자연 관찰을 통해 학문을 혁신할 의도로 구상한 미완성 계획.

*** **과학 혁명**(Scientific Revolution): 대략 코페르니쿠스의 〈천체운행론〉과 베살리우스의 〈인체구조론〉이 출판된 16세기 중엽에서 시작하여 뉴턴이 〈자연철학의 수학적 원리〉를 출판한 17세기말 사이에 일어난 세계관의 근본적인 변화를 일컫는다. 이 시기에 물리학·천문학·생물학 등에서 혁명적인 발견들이 이루어졌으며, 전통적인 우주관이 근본적으로 변하여 근대적인 우주관이 출현했다.

다. 그러나 홉스는 이 실험적 구상이 확고하고 반박할 수 없는 지식을 제공하지 못했다면서 거부하고 신랄하게 반박했다. 자신의 연역적이고 과학적인 철학은 실험—'연역적' 추론의 결론은 반드시 진술된 전제들로부터 유도되지 그런 전제들의 사례들로부터 추론되지 않는다.—에 근거하지 않지만, 전통 철학과 실험적인 과학보다 우주와 사회를 더 잘 이해하게 해준다는 것.

〈리바이어던〉은 당시의 정부와 철학 자체에 대한 급진적인 문제 제기를 통해 정치와 과학에서 논란을 불러일으키고자 했다. 그러나 겉으로는 시비를 거는 것 같아도 궁극적으로는 논쟁을 영원히 끝내는 것이 목표였다. 홉스는 자신의 철학적 방법이 반박할 수 없는 결론들을 제시한다고 호언장담했고, 국가를 리바이어던으로 묘사한 것은 그 방법이 논쟁, 내란, 두려움을 끝장낼 수 있다는 암시였다. 홉스의 철학은 여러 분야에 커다란 영향(홉스주의는 18세기까지도 유행한 지적 견해)을 미쳤으나 홉스는 자신의 책이 바라던 만큼 널리 영향력을 발휘하는 것을 보지 못하고 1679년 91세를 일기로 세상을 떠났다. 실험적인 방법을 배척하는 입장 때문에 왕립학회에서 쫓겨나고 많은 동시대인들로부터 부도덕한 괴물이라고 조롱당하면서도 국가를 변화시키거나 철학을 개혁하지 못했던 것. 그럼에도 불구하고 그는 서양 철학의 역사에 지속적인 영향을 주어 정치학을 탄

생시킨 인물로 평가받고 있으며, 그의 최고 걸작인 〈리바이어던〉은 오늘날까지도 관념사의 가장 위대한 명저 가운데 하나로 꼽히고 있다.

영국 역사에서 정치 구조, 사회 구조, 과학의 방법들이 모두 끊임없이 바뀌고 조작될 수 있었던 시기에 집필된 〈리바이어던〉은 근대 세계의 발전에 없어서는 안 될 중요한 역할을 해냈다.

홉스는 〈리바이어던〉에서 시민적 평화와 사회적 통일을 이루는 가장 좋은 방법은 사회계약을 통한 국가의 확립이라고 역설한다. 그가 구상한 이상적인 국가는 내란 위기를 미연에 방지하고 평화와 질서를 유지하기 위해 절대적 권위를 부여받은 통치권자의 통치를 받는다. 머리말에서는 이 국가를 하나의 '인공적 인격체' 또는 인체를 닮은 정치적 실체라고 묘사하는데, 그가 직접 제작에 참여했던 초판본 표지에는 머리는 통치권자이고 몸통과 사지는 시민들의 몸으로 이루어진 거대한 사람 형체를 하고 있다. 홉스는 이 형상을 '바다 괴물'이란 뜻의 히브리어에서 유래한 단어이자 구약 성서 욥기에 나오는 무적의 바다 동물 이름인 '리바이어던'이라고 부르는데, 그 모습은 홉스가 구상했던 완벽한 정부를 가장 완전하고 정확히 은유한다. 그리고 이 책에서는 평화를 지키고 내란을 막기 위해서는 리바이어던이 필요하다는 것을 증명하고자 한다.

〈리바이어던〉은 네 권*―"인간에 대하여 Of Man," "국

---

* 여기서의 권(book)은 책 한 권을 지칭하는 것이 아니라 그 속에 들어 있는 부(part)라고 할 수 있다. 따라서 〈리바이어던〉은 4부로 이루어진 한 권의 책.

가에 대하여 Of Commonwealth,”“기독교 국가에 대하여 Of a Christian Commonwealth,”“어둠의 왕국에 대하여 Of the Kingdom of Darkness”—으로 구성되어 있다. 제1권은 책 전체의 내용을 떠받치는 철학적 뼈대이고, 나머지 세 권은 처음 몇 절에 걸쳐 제시된 논거들을 확대하고 발전시킬 뿐이다. 따라서 ‘스파크노트’는 제1권을 가장 자세하게 다룰 예정이다. 홉스는 맨 먼저 물질의 초보적인 운동들을 검토하면서 인간 본성의 모든 양상이 유물론적 원리들로부터 연역될 수 있다고 주장하고, 자연 상태라고 알려진 인류의 자연적 조건이 본래 폭력적이며 두려움으로 가득 채워져 있다고 묘사한다. 자연 상태란 사람들이 자기보존 본능으로 인해 자기 이익만을 추구하기 때문에 항상 서로를 파괴하려고 드는 ‘만인에 대한 만인의 투쟁’ 상태이므로 인간은 그처럼 끔찍한 상황을 벗어나기 위해 자연스레 평화를 추구하게 되고, 그 평화를 이룩하는 최선의 방법이 사회계약을 통해 리바이어던을 세우는 일이라는 것이다.

제2권은 리바이어던을 세우는 과정을 상세히 설명하고, 지배자와 신민들의 권리를 개관하며, 국가의 입법적이고 시민적인 역학들을 상상한다. 제3권은 기독교 교리, 홉스의 철학, 그리고 리바이어던의 종교적 체계가 공존할 수 있는 가능성을 다룬다. 제4권은 잘못된 종교적 믿음에서 생기는 위험을 경고하고 리바이어던 같은 국가를 정치적으로 도구

화해야 안전한 기독교 국가를 이룰 수 있다고 주장한다.

홉스가 〈리바이어던〉에서 사용한 철학적 방법은 기하학의 증명을 본보기로 삼고, 제1원리들을 기초로 하여 정의(定義)들을 확립하는데, 그 경우 논증 전개의 각 단계는 이전 단계를 바탕으로 결론을 내린다. 홉스는 1630년대에 오랫동안 유럽을 여행하던 시기에 갈릴레오 갈릴레이*를 만나고 나서 기하학의 증명과 유사한 철학적 방법을 만들어내기로 결심했다. 기하학이 이끌어내는 결론들이 반박할 수 없는 이유는 각각의 구성 단계가 그 자체로 반박할 수 없기 때문임을 깨닫고는 〈리바이어던〉을 쓰면서 그와 비슷하게 반박할 수 없는 철학을 도출해 보려고 했던 것이다.

---

* **갈릴레오 갈릴레이**(Galileo Galilei, 1564-1642): 이탈리아 물리학자, 천문학자, 수학자. 프톨레마이오스의 천동설로는 설명되지 않는 우주의 질서를 발견하고 금기시되던 코페르니쿠스의 지동설을 받아들임. 주요 저서는 〈두 개의 세계 체계에 대한 대화〉 등.

● **계약** contract ｜ '신약(信約)'이나 '사회계약'라고도 한다. 특정한 자연적 권리들을 포기하고 타인에게 넘겨주는 행위. 여기에는 모든 계약당사자들이 동시에 권리를 포기한다는 조건이 붙는다.

● **리바이어던** Leviathan ｜ 무적의 힘을 지닌 바다 괴물로 국가를 은유하며, 통치권자는 머리이고 전체 시민은 몸통을 이루는 인공적 인격체. 자연 상태의 사람들이 자연적 조건에서 발생하는 공포를 피하려고 계약을 통해 리바이어던을 만들어내고, 리바이어던의 절대 권력은 시민들이 서로의 권리를 부당하게 침해하지 못하도록 막는다.

● **물질충만 공간** plenum ｜ 홉스가 자신의 우주 개념을 언급하려고 쓰는 용어. 이 개념에 따르면, 우주는 자연에서 전적으로 물질적이며 공간의 진공 상태를 가능케 한다. 우주가 물질충만 공간이란 가설은 홉스적 유물론의 주요 양상이다.

● **유물론** materialism ｜ 물질과 그 운동이 모든 우주 현상을 설명하고 인간이 경험할 수 있는 유일한 실체를 구성한

다는 철학.

● **자연법** natural law | 이성이 만들어내고 이성에 의해 발견된 보편적인 규범. 어떤 사람이 자신의 생명에 해로운 일을 하지 못하게 하며 자기보존 권리를 부여한다. 인간은 평화를 유지하기 위해 노력해야 한다고 규정한다.

● **자연 상태** state of nature | 인간 본성을 제어할 정부, 문명, 법, 공통의 권력이 없었다면 존재했을 상태. 끊임없이 자기 이익만을 추구하기 위해 서로를 파괴하려고 드는 '만인에 대한 만인의 투쟁' 상태를 가리키며, 그 속에서의 삶은 '비열하고, 야만적이고, 짧다'.

● **자연인** natural man | 자연 상태의 거주민. 본문에 들어 있는 이야기의 중심인물이며, 함께 리바이어던을 만들자는 계약을 체결함으로써 자연적 조건에서 벗어난다.

● **박물지**(博物誌) natural history | 자연계의 대상들, 유기체들, 현상들, 관찰에 의해 수집된 사실들의 총화.

● **자연 철학** natural philosophy | 자연과 물리적 우주에 대한 연구. 이러한 지적 노력은 결국 근대 과학의 역사적

발전으로 이어졌다. 프랜시스 베이컨과 로버트 보일* 같은 자연 철학자들은 자연 철학이 자연 작용을 박물지로부터 귀납적으로 추론해야 한다고 믿은 반면, 홉스는 확립된 제1원리들로부터 연역적으로 추론해야 한다고 믿었다.

● **제1원리** first principles ┃ 철학적 정의에 의해 확립되고 철학적 논증들의 토대가 될 수 있는 근본적이고 환원될 수 없는 자연적 사실들. 홉스에 의하면, 관찰이나 실험에 의해 발견되는 것이 아니라 철학적 논변(論辯)과 사회적 합의를 통해 결정된다.

● **통치권/주권** sovereignty ┃ 국가에 대한 최고 권위. 신민들의 완벽한 복종이 따라야 가능하며, 홉스는 리바이어던의 영혼이라고 묘사한다.

● **통치권자/주권자** sovereign ┃ 사회계약에 의해 위임받은 힘을 행사할 최고 권리를 가진 개인이나 여러 사람의 합의체. 리바이어던의 머리, 법의 제정자, 제1원리들의 심판관, 모든 지식의 토대, 시민적 평화의 수호자.

---

* **로버트 보일**(Robert Boyle, 1627-91): 영국 화학자, 물리학자. 화학에 실험적 방법과 입자 철학을 도입해 근대 화학의 첫 단계를 구축했다. '보일의 법칙' 발표. 주요 저서는 〈회의적 화학자〉 등.

Book별
정리
노트

Book 1 인간에 대하여

:요점정리

처음 세 장은 인간 정신에 영향을 주는 역학에 관심을 두고 각각 감각(1장), 상상력(2장), 상상의 귀결과 흐름(3장)이란 주제를 탐구한다. 홉스는 우리가 지닌 세계에 관한 지식은 감각기관을 압박하는 '외부 물체나 대상들'로부터 시작된다고 주장한다. 우주는 물질로만 구성된 물질충만 공간이며 물체들은 서로 끝없이 충돌한다고 말하면서 한 물질적 물체로부터 다음 물질적 물체로 이동하는 추이를 묘사하는 것. 이처럼 초보적인 우주의 운동과 변화 과정은 결국 인체의 표면에 닿아 눈, 코, 귀, 혀, 피부의 신경과 막(膜)들을 물리적으로 움직이고, 다시 그 과정에서 습득된 운동들은 대뇌에 전달된다. 따라서 '감각'이란 외부 세계의 사물들이 우리의 민감한 기관들과 충돌하여 생긴 원초적 환상에 불과하다.

　물질은 스스로 움직이지 못한다는 홉스의 단언은 물질이 스스로 움직인다고 주장한 생기론(生氣論) 철학에 대한 도전이라고 볼 수 있다. 따라서 다른 물체가 작용하지 않는다면, '움직이는 물체는 영원히 움직일 것이다.' 홉스는 이러한 운동의 지속성으로 인해 감각이 생각이나 '상상력'들로 바뀌게 된다고 추론한다. 외부 세계의 어떤 물체가 감각 기관을 압박해서 일련의 새로운 운동을 유발시키면, 그 운동은 장애물과 마주치기 전에는 멈추지 않고 계속되다가 오감에 포착되어 생각이나 상상력으로 이어질 수밖에 없다는 것이다. 어떤 현상이 끝난 뒤에도 감각적 운동이 지속되는 것을 홉스는 '쇠퇴해가는 감각'이라고 부르면서, 상상력이라고 정의한다. 눈을 감은 뒤에도 남는 잔상을 예로 들어 '쇠퇴해가는 감각'을 설명하는 홉스에 의하면, 잔상이란 눈이 감긴 뒤에도 눈의 감각 기관이 여전히 움직이고 있다는 증거이며, 눈을 감은 뒤에 일어나는 운동은 직접적 감각 작용이 아니라 상상력이고 시간이 지나간다는 의미에서는 '기억'이라고 불린다. 상상력과 기억은 명칭만 다를 뿐 같다는 것. 또한 외부 세계에서 감각된 사물들에 대한 기억은 '경험'이라고 정의되고, 인체 내부에서 일어나는 운동들에 대한 감각은 사람이 자고 있을 때는 '꿈', 깨어 있을 때는 '환상' 또는 '환영'이라고 불린다.

'이해'는 상상력의 특수한 형식이며, 말이나 가시적 기호들에 대한 물리적 감각 작용에 의해 생산되는 관념이라고 정의된다. 이해의 복잡한 다양성이 '사고의 흐름'이나 '정신적 담론(談論)'인데, 여기서는 하나의 상상이 다른 상상으로 이어지고, 한 가지 내적인 감각 작용이 다음의 내적인 감각 작용을 촉발해 사유 과정이 시작된다. 그런데 사고의 흐름에는 '유도되지 않고 의도도 없는' 흐름과 '욕구와 의도에 의해 규제된' 흐름이 있을 수 있다. 전자에서는 꿈속에서처럼 정신적 담론은 아무런 구체적 방향도 없이 떠돌고, 후자에서는 생각하는 사람이 정신적 담론을 구체적인 방향으로 향하게 한다. 홉스는 운동이 외부 물질에서 인체로 이동하는 과정을 추적함으로써 세상에 대한 감각적 경험이 규제되고 유도된 사유로 집중되는 인간 정신의 작용 과정—감각에서 사고를 거쳐 사고들의 흐름으로 가는 과정—을 연역했고, 그것을 토대로 언어, 이성, 과학 등 규제된 사고의 논리적 전개를 검토한다.

· 풀어보기

홉스의 철학적 방법은 기하학의 증명과 같은 방식으로 하나의 결론에서 시작해 그 결론과 논리적으로 이어지는 다음 결론으로 진행한다. 〈리바이어던〉은 서로 연관된 일련의 명제와 관념들로 이루어지기 때문에 본문은 당연히 관념들 자체의 본질과 기원을 파헤치는 장들로 시작한다.

홉스의 나머지 논거는 이들 세 장에서 확립된 결론들에 의존한다. 인간의 사고에 관한 명제들은 홉스가 세우고자 하는 기하학적 증명의 제1원리들을 형성한다. 자신의 논거를 일련의 단계들로 나눠 전개하는 홉스가 각 단계에서 내세우는 주장의 타당성은 이전 단계에서 확립된 주장을 기초로 하지만, 사고의 본질에 관한 주장들의 토대로 삼는 제1원리─우주는 물질적 물체들로 충만한 공간이다.─는 본문에서 분명히 표명되지 않는다.

우주는 물질충만 공간이란 주장은 우주의 대부분에는 물질이 없다는 진공주의(眞空主義) 이론과 벌인 오랜 철학적 논쟁에 대한 응답인데, 철학적 진리는 공유된 정의(定義)들로부터 연역되어야 한다고 주장하면서도 자신의 근본적 제1원리인 물질충만 공간이 일반적으로 인정되고 있다는 말은 없이 스스로가 중재자이면서 제1원리의 심판관인 것처럼 행동하고 있다. 따라서 이 같은 철학적 구상은 이후의 장들에서 제1원리들을 다시 유효화해야만 겨우 논리적 일관성이 유지된다. 그러나 자연이 물질로 충만한 공간이란 암시가 지닌 진리 가치에 의문을 제기한다고 해서 〈리바이어던〉 전체에 대해 의문을 제기하는 것은 아니다. 홉스가 몇몇 시점의 보편적인 경험을 토대로 논거를 전개하기 때문이다. 이 책의 내용은 한 단계가 다음 단계로 연결되고 한 층위가 다음 층위의 기초가 되듯 빈틈없이 엮여 있기 때문에 마치 카드로 지은 집처럼 맨 밑바닥 층을 흔들면 그 위층들을 모두 무너뜨릴 수도 있다.

물론, 다음 부분에서 나오듯 홉스는 시민적 평화를 이루기 위해 관례적으로 합의되는 토대들이라면 반드시 보편적으로 참일 필요가 없다는 인식론적 체계를 제안하고 있다. 이런 요소만으로도 진공주의를 외치던 당대인들은 제1원리들이 논란의 소지가 있다는 것을 빌미로 홉스의 구상을 무시해 버릴 수는 없었다.

.

요점정리

　홉스에 따르면, 말은 정신적 담론을 언어적 담론으로 바꾸기 위해 발명되었다. 이렇게 정신적인 영역을 언어적인 영역으로 바꾸면 두 가지 좋은 점이 있다. 첫째, 언어를 통해 생각의 흐름이 이끌어낸 결론들에 이름을 붙여 기록함으로써 계속 그 생각의 흐름을 반복하지 않아도 그 결론들을 기억할 수 있다. 둘째, 언어를 통해 정신적 담론을 다른 사람들에게 전달할 수 있다. 언어가 없으면 국가, 사회, 계약, 평화도 없으며, 동물의 세계나 마찬가지다.

　홉스는 언어의 효용을 네 가지 제시한다. 1) 사물들에 대해 습득한 지식을 기록한다. 재예(才藝)를 익힘. 2) 그 지식을 다른 사람들에게 전달한다. 상담 또는 가르침. 3) 다른 사람들에게 의도나 욕구를 전달해 도움을 이끌어낸다. 4) 낱말들을 가지고 놀면서 스스로 즐긴다.

　이어지는 언어의 악용 네 가지. 1) 일관되지 않은 어의(語義). 그 속에서 우리는 부주의하게 낱말들의 의미를 바꾼다. 2) 은유적 언어. 그 속에서 우리는 속이기 위해 특정한 낱말들을 다른 낱말들의 의미로 사용한다. 3) 거짓말. 4) 남을 해치기 위해 사용한다.

홉스 식으로 정의하면 언어는 '이름 또는 명칭과 그것들 상호간의 결합으로 이루어진다'. 언어 바깥에서는 존재할 수 없는 참과 거짓은 명사들 사이에 맺어지는 관계의 본질에 따른 결과다. 참은 '우리의 주장에서 명사들이 올바른 순서로 정렬된 경우'다. 따라서 참, 즉 철학적으로 말하려면, 그 의미가 정확하면서도 적합한 낱말들을 사용해야 한다. 그러나 어떤 의미가 적절한지를 결정할 때 기본적으로 참고할 만한 것이 있어야 한다고 생각하는 홉스는 기하학적 방법에 따라 참된 말은 그 말을 구성하는 용어들의 정의(定義)가 일반적으로 인정되면서 시작된다고 암시한다. "(지금까지 하나님께서 인류에게 베풀어주신 것을 흡족하게 여기도록 만든 유일한 학문인) 기하학에서는 사람들이 자기가 쓰는 낱말들의 의미를 확정짓는 일부터 시작하는데, 이것을 정의(定義)라고 부르고 계산할 때는 맨 먼저 고려한다."

기하학은 만인이 인정하는 정의된 용어들 속에서 안정성이 나오고, 따라서 기하학적 논거들은 논란의 여지가 없어 철학적 언어의 모형으로 바람직하다. 그러므로 일단 철학적 정의나 제1원리들을 확립한 다음 이전 주장들 위에 논리적으로 쌓으면 참된 결론들을 도출할 수 있다. 이 같은 철학적 담론과 참된 언어의 제1원리들을 결정하는 것은 사회지만, 여전히 홉스에게는 낱말들의 의미에 대한 사회적 합의를 어떻게 이끌어내느냐의 문제가 남는다.

세계에 관한 우리의 경험은 감각 작용에 의해 중재되기 때문에 현실, 즉 객관적 자연이 그 자체로 반드시 보편적으로 만족스러운 정의를 제공하지는 않는다. 우리가 지각하는 사물의 본질은 같더라도 사람마다 다른 체질과 편견으로 인해 지각이 다양해서 여러 가지 정념을 일으키기 때문이다. 따라서 추론할 때는 본질이라고 생각되는 뜻 이외에 말하는 사람의 본성, 기질, 기호에 따른 뜻도 가지고 있는 낱말들에 주의를 기울여야 한다.

홉스는 자연 관찰과 물질적 세계에 대한 감각 작용은 언제나 관찰자의 개인적 성격에 영향을 받기 때문에 자연현상에 대한 경험과 현실 인식은 사고의 흐름이 철학적으로 참된 결론에 도달하는 근거로 사용할 수 있는 적절한 토대를 구성하지 못한다고 암시한다.

경험의 차이가 계속 존재하고 다시 거기에 의미의 차이가 겹쳐지면 참된 확실성에 이를 수 없다. 그렇다고 해서 막연히 진리의 기초를 자연에 의지할 수도 없다. 객관적인 자연—자연 자체—은 항상 주관성이란 장막을 통해 여과되므로 온전히 우리에게 도달할 수 없기 때문이다. 따라서 홉스는 누구에게나 인정받고 낱말과 제1원리들의 정의를 확정하는 어떤 관리 실체가 있어야 한다고 결론짓는다. '그러나 수많은 사람들이 이의 없이 어떤 계산을 인정했다고 해서 정확한 것은 아니듯이, 어느 한 사람이나 일정한 수의 사람들이 추론했다고 해서 반드시 확실한 것은 아니다. 따라서 어떤 계산에 관해 분쟁이 생기면 당사자들이 합의를 통해 어떤 중재자나 심판관의 추론을 올바른 것으로 정하고 그 판단을 받아들이든지, 아니면 대자연이 세운 올바른 추론이 없기 때문에 싸움이 되든지 해결되지 않든지 결판이 날 것이다. 이러한 양상은 어떤 분쟁이나 마찬가지다.'

홉스는 '대자연이 세운 올바른 추론'은 없다면서 다시 한 번 자연을 지식의 토대로 삼는 것은 쓸모가 없으며, 만인이 동의하기로 합의한 정의들을 결정할 심판관은 당사자들의 '합의를 통해' 임명된다고 지적한다. 그리고 모든 지식에 필요한 토대가 되는 인물이 바로 이 심판관(18장의 '통치권자')이다.

이처럼 정의들에 대한 합의가 이루어지는 것은 그 정의들이 만인이 지지하기로 합의한 결정을 내리는 심판관에 의해 결정되기 때문이다. 이런 식으로 진리의 토대를 확보한 홉스는 확실한 지식을 제공하고 의견 대립과 사회적 불화를 종식시킬 철학 개혁과 학문 규정을 위해 준비된 완벽한 계획을 자세히 설명한다.

과학의 과정은 추리이며, '추리는… 합의된 일반적인

이름들의 결과들을 따져 계산한(합칠 것은 합치고 뺄 것은 뺀) 셈하기에 불과'하고, 추리 과정을 이루는 각 단계 자체는 주장 내용이 확실해야 하며 온갖 정성을 기울여 완벽하게 빚어낸 물건과 같아야 한다. 추리의 효용과 목적은 총계를 파악하고 최초의 정의나 확정된 명사들의 의미와는 동떨어진 하나 또는 여러 개의 귀결이 지닌 참을 발견하는 것이 아니라 최초의 정의나 확정된 명사들에서 출발해 하나의 귀결로부터 다른 귀결로 나아가는 것이다. 최종 결론의 확실성이 존재하려면 그 결론의 토대이자 추론의 근거인 모든 긍정과 부정의 확실성이 존재해야 하기 때문'이다. 산술의 언어 및 결과와 결론들의 기하학적 누적을 통한 철학적 추리의 수학적 과정으로부터 우리는 본격적인 학문에 이르게 된다. "추리는… 근면한 노력을 통해 얻어진다. 처음에는 적절하게 이름을 부여하고, 이어 이름들인 원소들로부터 상호 연관에서 생기는 주장들을 향해 나아가는 과정에서 유효하고 규칙적인 방법을 습득하고, 하나의 주장과 다른 주장의 연결인 삼단논법을 향하다가 드디어 당면한 주제와 관련되는 명사들의 결과들 전체에 대한 지식을 얻게 되는데, 이것을 사람들은 학문이라고 부른다."

개혁된 학문─결과들에 대한 지식이자 소위 철학─을 도출하기 위한 이 계획은 만인에게 증명될 수 있는 기하학적이고 연역적인 철학을 낳는다. 따라서 그러한 기하학적 논리는 반박될 수 없고, 결과적으로는 파당과 나아가 내란도 없게 된다. 홉스의 말인즉슨 자신의 학문 접근 방식이 평화 유지와 보존에 필수적이란 것.

홉스는 자연을 철학적 지식의 토대로 사용할 정당성을 부인함으로써 베이컨이 생각한 자연 철학에 정면 도전한다. 베이컨에 의하면, 자연 철학의 토대는 박물지에 토대를 둔 실험적인 자연 과학이어야 한다. 그러나 홉스는 자연이 확고한 제1원리들을 제공하지 않고, 따라서 자연보다는 언어에 토대를 둔 학문이 논란의 여지가 없는 주장들을 제시하는 데 더 알맞다고 암시한다. 홉스의 철학은 진리가 하나의 사회적 구조물이라는 급진적인 주장을 하고, 그 결론들 역시 사회적으로 구축되었기 때문에 정확하다고 역설한다. 만인이 지식의 토대에 대해 합의하면 논란의 여지가 없어지는 반면, 객관적인 자연을 토대로 한 진리란 있을 수가 없다. 각 개인이 세상을 다르게 경험하고, 따라서 '실체'의 형상이 부득이한 불화와 논쟁에 휩쓸리기 때문이다.

내란의 빌미를 없애려면 불화는 반드시 제거해야 한다. 평화는 전적으로 사회적 합의에 토대를 둔 이 철학적 제안의 궁극적인 목표다. 동시에 사회적 구조물로서의 실체 개넘에는 어느 정도 파시즘*의 요소가 들어 있다. 정의들을 결정할 전권을 지니고 반박할 수 없는 결정들을 내리는 심판관 개념이 파시스트들의 전체주의적 철학과 닮았기 때문이다. 권력의 협상들을 통한 실체의 제어를 옹호하면서도 개인은 그 구축된 실체를 바꿀 힘이 없다는 주장을 철저히 인정하는 것.

---

* **파시즘**(fascism): 일종의 국가주의적 전체주의. 일반적으로 국가(전체)를 개인의 권리보다 절대적 우위에 두는 운동이나 그런 정부를 일컫는다.

: 요점정리 와 **: 풀어보기**

　홉스는 동물들에게서 구체적으로 드러나는 운동의 본질을 설명한다. 동물들의 운동에는 생명적 운동과 동물적 또는 자발적 운동이 있다. 생명적 운동은 모든 동물에게 선천적이고 자동적이며 죽을 때까지 이어지고, 혈류, 호흡, 소화, 배설 등이다. 자발적 운동은 능동적이고 지향적인 움직임이며, 걷고 말하고 신체를 움직이는 등의 행위들이다.

　홉스는 자발적인 운동, 결국에는 어떤 목표를 지향하는 행동들로 진행되는 운동을 촉진하는 내적 동기를 깊이 파고든다. 바로 생각과 상상력인데, '걷기, 말하기, 후려치기 등, 눈으로 볼 수 있는 행동으로 나타나기 전에 인간의 몸 안에서 일어나는 운동의 작은 시작을 의도라고 부른다'.

그 의도가 '원인이 되는 무언가를 향하면 욕구 또는 욕망이라고 부른다.… 그리고 어떤 것으로부터 멀어지려는 의도는 혐오라고 부른다'. 욕구와 혐오는 홉스의 기계론적 우주에 있는 삼라만상처럼 전달된 운동의 소산으로 발견되고, 욕구와 혐오의 상호작용이 인간의 본성을 형성한다. 다시 말해, 홉스가 우주의 초보적인 동력학*과 인간 형태에 대한 물질적 물체들의 충격으로부터 이끌어낸 욕구와 혐오의 파생물들은 인간의 본성 자체가 물리적 과정들의 직접적인 기계적 소산이라는 의미가 된다.

홉스는 인간들 속에 존재하는 욕구와 혐오를 상세히 설명한다. 욕구와 혐오 가운데 일부는 '사람들과 함께 태어났고' 또 일부는 개별적 사물들에 대한 욕구로서 '경험을 통해' 알게 되며, 이들 두 가지 범주로부터 온갖 '정념'이 일어난다. 환희와 야심에서부터 분노와 호기심에 이르기까지 저마다 욕구와 혐오의 형상화에서 비롯된다는 것이다. '어느 사람이 욕구하거나 욕망하는 대상은 무엇이든 그에게는 선이며, 증오나 혐오의 대상은 악'이라는 홉스의 글을 보면, 심지어 선과 악이라는 형이상학적인 범주도 원래는 욕구와 혐오에서 연원한다는 말이 된다.

누군가 어떤 것이 '선'한지 '악'한지를 판단하기 위해—

---

* **동력학**(動力學, kinetics): 물체가 운동하는 상태에서 물리적 인과관계를 논하는 학문.

그 사물을 '욕구'하는지 '혐오'하는지 확인하기 위해—생각의 흐름을 시작하면, '숙고한다'고 말할 수 있다. 숙고의 마지막 욕구, 선이나 악을 검토하고 이끌어내는 결론, 행동하거나 행동하지 않겠다는 결심을 '의지'라고 한다. 숙고는 언어로 옮겨지면 귀결과 결론들의 조립은 철학적으로 참된 말을 구축하는 과정과 비슷하지만 당사자에게 전적으로 종속되기 때문에 하나의 학문으로 여겨질 수 없다.

학문이란 그 정의가 엄격하게 확정된 '낱말들의 인과관계에 대한 지식'인데, 공유된 언어로 말하는 모든 사람에게 참되고, 따라서 객관적인 지식을 낳는다. 만일 담론의 토대가 공유된 정의로부터 시작되지 않거나 정의를 잘못 결합한 삼단논법이면, 그 결론은 '의견'에 불과하다. 그리고 만일 담론의 토대가 훨씬 좁다면—말하는 사람의 권위나 그 사람에 대한 우리의 견해에 근거해서 그의 말을 진리라고 믿는다면—그때의 결의는 '믿음' 또는 '신앙'에 지나지 않는다. 홉스는 의견과 신앙의 실례들을 제시함으로써 과학적 지식을 포함한 모든 지식이 조건적이며, '그 어떤 담론도 지나갔거나 다가올 사실에 대한 절대적 지식이 될 수 없다'는 것을 보여주지만, 정의들을 토대로 하는 그의 과학적 담론이 여전히 확실하고 신뢰할 수 있는 지식을 제공하는 이유는 의견이나 신앙이 아니라 제1원리들의 보편적이고 사회학적인 결정을 토대로 하기 때문이다.

홉스는 정념에 관한 논의를 바탕으로 지적인 '덕'과 '결함'으로 옮겨간다. 덕에는 자연적 지력(知力)과 습득된 지력이 있다. 자연적('타고났다'는 의미가 아님) 지력은 교육 없이 습관이나 일상 경험이 제공하는 생각의 흐름을 따라가면서 상상하는 단순한 행위를 통해 나타난다.(자연적 지력의 부족은 '우둔함' 또는 '어리석음'이라고 불리는 지적 결함) 습득된 지력은 말을 적절히 사용하여 전개하는 추리이고 학문을 지향한다. 사람에 따라 자연적 지력이 다른 것은 정념, 특히 '어느 정도 권력욕, 재물욕, 지식욕, 명예욕'의 차이에서 기인한다. 홉스는 이런 욕망들을 권력욕에서 비롯된 동일한 충동의 여러 가지 표명이라고 본다.

이 같은 정념이 하나도 없으면 죽은 사람이나 같다. 정념이 약한 경우가 '우둔함'이요, 정념에 크게 마음을 두지 않을 경우는 '경솔함' 또는 '산만함'이며, 어떤 일에 얼토당토않은 정념을 품는 경우는 '광기'다. 홉스는 (다시 자신의 초기 기계론적 논증에 의존하는) 광기에 대한 연역을 토대로 악마들의 존재를 부정하면서 관례적인 성서 해석에서 벗어나 그리스도가 귀신들린 사람들에게서 악귀를 쫓아내는 이야기처럼 널리 악마들의 실존을 증명하는 것으로 받아들여지는 삽화적 사건들은 광기의 조건인 강렬한 정념을 묘사하는 것에 불과하다고 재해석한다. 이처럼 급진적인 성서 해석은 제3, 4권에서 좀더 일관되게 전개되는 분석의 예

고편이다. 자신의 철학 방법과 문학적 비평 기량을 발휘해서 철학과 학문뿐만 아니라 신학의 토대들도 재정의하려고 드는 것. 그로 인해 신학은 홉스의 전체적이면서 획일적인 지적 설계의 한 갈래에 지나지 않게 된다.

홉스는 고유한 철학적 방법을 이끌어내기 위한 자신의 제안이 어느 만큼 인간 지식의 모든 양상을 포괄하는지 예증하기 위해 '지식의 몇 가지 주제'를 간략히 검토한다. 지식에는 두 종류가 있다. 사실에 대한 지식과 한 긍정에서 다른 긍정으로의 귀결에 관한 지식인데, 전자는 박물지나 문명사에서 나타나는 것과 같은 역사이고, 후자는 학문이라고도 알려진 철학이다. 이들 두 갈래 지식은 학문이 역사 속의 어떤 토대로부터 결론들을 연역한다는 점에서 연결된다. 이런 도식을 보면, 베이컨은 박물지의 사실들을 관찰과 실험을 통해 알 수 있다고 믿었던 반면, 홉스는 베이컨을 비롯한 초기 자연철학자들의 견해를 따르면서도 그것들이 공유된 정의들을 통해서만 확실하게 정립될 수 있다고 단정한다. 게다가 홉스의 철학은 유례가 없을 정도로 다른 형태의 철학들을 모두 포괄하며, 철저한 계통도를 통해 인간 지식과 기술의 각 갈래가 〈리바이어던〉에서 개관되는 철학적 학문에서 비롯된다는 것을 보여준다.

: 요점정리

　　앞 절에서 '권력' 개념과 권력을 얻으려고 노심초사하는 인간의 욕구를 소개한 홉스는 권력을 자연적인 권력과 도구적인 권력으로 나눈다. 전자는 근력, 지력, 재예(才藝) 같은 것으로 몸이나 마음의 기능에서 생기고, 후자는 전자와 재물, 친구, 명성 등으로 습득된 기능에서 생긴다. 권력의 본질은 무거운 물체의 가속도처럼 추구할수록 커지는 명예와 같다. 권력의 척도인 한 개인의 가치는 권력을 행사할 수 있도록 그 사람에게 주어진 값과 같다. 참된 값은 다른 사람이 인정하는 것을 넘지 못하고, 그 값을 매기는 것은 파는 사람이 아니라 사는 사람이다. 어떤 사람이 가치가 높다고 믿으면 그 대상을 '명예롭게 만드는' 것이고, 낮은 가치에 속한다고 생각하면 '불명예스럽게 만드는' 것이다.

공적으로 인정받은 어떤 개인의 가치는 '직위'이고, '적절성'은 한 개인의 일반화된 가치가 아니라 어떤 특수한 기능에 비추어 도량을 재는 척도다. 결국 사회적 관계에 영향을 주는 기능—가치, 적절성, 명예, 존엄—은 모두가 권력의 변형이며, 권력을 얻고자 하는 욕구는 홉스가 마음속에 그리고 있는 인간성의 핵심적인 면모다.

"인간의 일반적인 경향은 영속적이고 부단한 권력 추구욕이고, 그 욕망은 죽어야만 멈춘다." 그러나 그 지속적인 욕구는 현재의 권력만으로는 잘살 수가 없다는 두려움 때문에 생기고, 결국 궁극적 혐오의 대상인 '죽음과 부상에 대한 두려움' 때문에 평화를 추구하게 된다. 따라서 서로의 권력에 대한 두려움이 인간적 욕구에 내재하는 권력 투쟁에 유일한 해독제인 셈. 평화 쟁취라는 궁극적 목표를 놓고 권력과 두려움이 벌이는 협상이 소위 '예절'이다.

예절의 차이는 권력과 두려움 사이에서 협상하는 최선이자 가장 공리적인 방법에 관해 정확한 철학 지식이 없기 때문에 생긴다. 홉스는 자기의 철학이 평화를 달성하는 가장 확실한 길을 보여줄 것이라고 공언한다. 그러나 홉스가 글을 쓰던 시기까지는 이러한 고유한 철학에 대한 무지와 학문의 부족으로 인해 다양한 예절이 나왔고, 그 가운데 어느 것도 홉스의 명제들을 안전하게 지켜줄 수 없었다. 권력과 두려움의 원인에 대해 무지한 사람들은 관습, 타인들의 충고나 권위, 종교에 의존해서 평화를 이루려고 하지만, 학문이 없으면 평화는 언제나 허약할 수밖에 없다. 그리고 행동의 결과나 미래를 내다볼 수 없는 사람들은 있음직한 위험, 사건의 불길한 변화, 또는 갑작스러운 죽음을 끊임없이 두려워한다. 두려움은 원인들에 대한 무지에서 생기고, 종교는 두려움을 없애려는 노력으로 눈에 보이지 않는 여러 종류의 힘을 가정하기 위해 발명되었다. 그러나 두려움을 성공적으로 쫓아낼 수 있는 것은 철학뿐이다.

홉스에 의하면, 이성은 우주의 운행이 원동자(原動者)*에 의해 시작되었다고 규정한다.(서양의 철학적 전통에 따르면 원인 없는 결과는 있을 수 없고, 무에서 유가 창조될 수는 없다.) 비록 원동자 자체는 이성으로 알 수 없지만, 만물의 원인들은 철학에 의해 식별될 수 있다. 그러나 부적절한 추리는 관찰된 현상들을 설명하려고 많은 사이비 종교와 터무니없는 생각들(몸이 없는 정령, 이교신, 귀신, 천사, 악귀들)을 만들어내 이미 엄청난 혼란을 야기했다. 모든 종교적 관념과 미신이 두려움을 억제하고 평화를 이루기 위해 기능한다 해도 유일하게 '참된 종교'인 기독교만이 정당

---

* **원동자**(prime mover): 아리스토텔레스의 형이상학에서 제1원인을 지칭하며, 자신은 움직이거나 변화하지 않으면서 다른 존재(우주)를 생성하고 움직이고 변화시키는 존재. 토마스 아퀴나스에 의해 기독교 신학에 흡수되어 우주만물을 창조한 하느님을 일컫는 용어로 사용됨. 부동의 동자(unmoved mover).

한 철학이 이끌어낼 결론들과 일치하고, 정당한 철학만이 안정적 평화를 획득하는 방법을 가르쳐줄 수 있다.

홉스의 평화 이론은 인간의 본성을 바라보는 시각에서 나오는데, 그가 지닌 인간의 본성 개념은 권력 투쟁에 의해 중재되는 기계적인 욕구와 혐오들의 총합에 지나지 않는다. 인간의 욕구는 기계적이며 자원에는 한계가 있기 때문에 두 사람이 동일한 대상을 소유하려고 들면 전쟁이 터질 수밖에 없다는 것. "만약 어떤 두 사람이 같은 사물을 소유하고픈 욕구를 가지고 있지만 모두 만족할 수 없을 때 적이 된다. 그리고 대개는 자기보존이고 때로는 환락일 뿐인 그들의 목표를 이루기 위한 과정에서 서로를 파괴하거나 굴복시키려고 노력한다." 심지어 사람은 저마다 여러 가지 자연적인 힘의 세기는 다를 수 있겠지만 가장 약자라도 어떤 수단을 통해 가장 강자를 죽일 수 있기 때문에 만인은 자연적으로 평등한 셈이고, 따라서 싸움은 불가피하다.

이 명제를 토대로 홉스는 사회, 정부, 법 제정 이전에 인류가 처했던 자연적 조건을 묘사할 수 있게 된다. '자연상태'라고 알려진 이 자연적 조건에 대한 홉스의 서술은 〈리바이어던〉에서 가장 유명한 대목이다. "사람들은 그들 모두가 두려워할 공통된 권력이 없는 상태로 살아가는 시기에는 전쟁이라고 불리는 조건 속에 있다. 그리고 그런 전쟁은 만인에 대한 만인의 투쟁이며… 그런 조건에서는 근면

이 설 자리가 없고, 땅의 경작이 없고, 항해가 없고… 널따란 건물도, 이동할 도구들도… 지구의 표면에 대한 지식, 시간의 계산, 재예, 문예, 사회도 없으며, 무엇보다 나쁜 것은 지속적인 두려움과 폭력적인 죽음의 위험이다. 그리고 사람의 삶은 고독하고, 비참하고, 괴롭고, 잔인하고, 짧다."

홉스가 제시한 자연 상태는 교육을 위해 만들어낸 허구이고, 문명 이전의 가설적 실존에서 있음직한 인간 본성의 양상을 추리로 연역한 것인데, 역사에는 실재한 적이 없으나 어느 정도는 하나의 실체라고 주장한다. 우리는 '아메리카 야만인들'의 삶에서 자연 상태와 비슷한 상황을 보며, 유럽인들도 내란기에는 자연 상태에 가까워진다. 타인에 대한 불신, 범죄 행위, 그리고 약소국에 대한 강대국의 지배 등도 우리가 자연 상태에 있음을 보여주는 증거다.

'만인에 대한 만인의 투쟁'인 자연 상태에서는 그 어떤 안전도 불가능하며, 삶은 공포가 가득하다. 그러나 사람들에게는 자연 상태를 피할 수 있는 두 가지 타고난 정념이 있으니 바로 두려움과 이성이다. 두려움은 자연인이 자연 상태를 벗어나고 싶게 만들고, 이성은 그런 상태에서 벗어날 방법을 가르쳐준다.

: 풀어보기

홉스는 자연 상태를 착안해냄으로써 자신의 철학적인 글을 여러 장르가 뒤섞인 하나의 이상한 잡종으로 바꾼다. 왜냐하면, 인류의 자연 상태와 홉스가 시인하는 그 허구적 양상들에 대한 묘사가 문학적 상상력의 소산이기 때문이다. 〈리바이어던〉의 테두리 안에서 나타나기 시작하는 한 가지 이야기는 주요 인물들이 자연 세계의 잔혹함과 서로의 학대에 맞서 생존하기 위해 투쟁을 벌이는 연극이다.

자연 상태에 대한 서술은 물질의 운동에 관한 묘사와 나란히 이루어진다. 홉스가 말하는 물질적 물체들은 인간의 신체들이 자연 상태에서 투쟁하고 충돌하는 식으로 항상 폭력적으로 서로 충돌한다. 따라서 홉스가 전개하는 논증의 각 층위는 바로 앞 층위의 논리를 토대로 할 뿐만 아니라 앞 층위의 심상과 주제들을 반영하고 변형시키기도 한다.

자연 상태는 인간적 생활을 구원하는 두려움과 인간의 비참함을 부추기는 권력 사이에서 벌어지는 변증법적 투쟁을 입증한다. 홉스가 본문의 말을 빌려 거칠게 추출해내 본문의 기반이 되는 이야기에서는 일종의 자율적 등장인물인 두려움이 자연인이란 등장인물과 교류하며 설득해서 자연 상태를 벗어날 마음을 갖도록 만든다. 이렇듯 하나의 배역을 맡을 뿐 아니라 중대한 일도 해내는 두려움은 〈리바이어던〉의 배역진에서는 주인공이라고 할 수도 있다.

'순전한 자연 상태'가 하나의 상태라고 불린다는 점은

의미심장하다. 따라서 인류의 자연적 조건은 하나의 일시적인 조건으로서 과거에 일어난 일은 아니며, 그렇다고 잠재적인 문화의 퇴보로서 내란 속에서 벌어지는 일도 아니다. 양자의 뚜렷한 대응 관계는 조만간 분명해지면서 홉스의 글에 소설적인 구조를 부여할 것이다. 그리고 자연 상태와 리바이어던의 상태는 동전의 양면이며, 자연인이란 등장인물들도 두려움이란 등장인물처럼 상이한 상태들 사이를 오고간다. 이런 문학성은 홉스가 리바이어던의 작용을 논의한 뒤에는 더욱 분명해진다.

홉스는 내란에서 자연 상태의 흔적들을 찾아냄으로써 처음 인정받았던 것보다 더 광범위한 상관성을 자신의 책에 부여하는데, 철학적 지식의 객관적 추구일 뿐 아니라 영국 내란(청교도 혁명)에 대한 정치적 논평이기도 하다. 찰스 1세가 처형된 시기를 자연 상태의 특징인 공포가 만연하던 시기로 논의하는 대목에서는 정치적 입장을 분명히 밝히고, 그토록 잔인했던 내란의 영상들을 자세히 묘사해 독자를 공포 속으로 몰아넣으려고 한다. 실제로도 독자는 내란을 깊이 들여다보면서 자연인이 자연 상태에서 느꼈던 것과 같은 두려움을 경험하게 된다. 홉스는 지적인 설득만을 고집하기보다는 좀더 정서적인 기법들을 동원해 독자를 납득시키고 그것을 통해 자신의 문학적 감수성을 더욱 펼쳐 보인다.

∴요점정리

　'자연법'은 이성에 의해 발견되는 일반적인 규칙을 가리키며, 인간의 자기보존을 긍정하고 인간의 삶을 파괴하는 행위들을 비난한다. 효력을 발생하려면 문자로 기록되고 반포되어야 하는 시민법과 달리 타고난 정신적 기능들(이성과 철학)에 의해 연역될 수 있는 자연법은 누구나 자연스레 본원적으로 아는 것이다. 두려움이 최고 우두머리로 군림하는 자연 상태의 끔찍한 현상들을 묘사한 홉스는 자연인이 생명을 보존하려면 평화를 추구해야 한다고 결론짓는다. 따라서 제1자연법에 의하면, '만인은 평화가 이루어진다고 희망할 수 있는 한은 평화를 이루기 위해 노력해야 하고, 평화를 이룰 수 없을 때는 전쟁의 모든 도움과 이점들을 찾아내고 사용해도 된다. 제1의, 근본적인 자연법을 포함하는 이 규칙의 첫 갈래는 평화를 추구하고 따르라는 것이며, 자연적인 권리들의 총화인 제2자연법은 '수단과 방법을 가리지 말고 자신을 방위하라'는 것이다. 평화를 추구하라는 자연법의 요구는 평화 추구가 자신을 방위해야 하는 우리의 자연권을 실현하는 것이기 때문이다.

평화 추구 명령에서 파생되는 제2자연법에 의하면, 우리는 자연적인 전쟁 상태를 피하기 위해서는 (다른 사람의 생명을 빼앗을 권리와 같은) 특정한 권리들을 서로 포기해야 한다. 평화와 자신의 방어를 위해 필요하다고 생각하는 한 모든 것에 대한 이 권리(자연권)를 타인들과 마찬가지로 기꺼이 포기해야 하고, 자신이 그 사람들에게 허용한 만큼의 자유에 만족해야 하는 것. 이러한 권리의 상호 이양이 도덕적 의무라는 개념의 기초인 계약이다. 이를테면, 네가 나를 죽일 너의 권리를 포기하면 나도 너를 죽일 나의 권리를 포기하겠다는 것. 사람이란 자기보존을 위해 남들이 기꺼이 그들의 권리를 포기해야만 비로소 자기들 권리도 포기한다.(그러나 자기보존의 권리를 결코 포기할 수 없는 이유는 애당초 계약의 토대가 되는 권리이기 때문)

홉스는 제1자연법과 제2자연법으로부터 일련의 다른 자연법들을 연역해나간다. 여기서도 그가 선호하는 기하학적 방식에 따라 각각의 법은 직전의 법을 토대로 한다. 제3자연법: 계약은 맺는 것만으로는 불충분하고 반드시 지켜야 한다. 이 자연법 안에는 '정의(正義)'의 원천과 기원이 있다. 그러나 제3자연법의 논리와 자기 생명 보존이라는 자연적 명령에도 불구하고 인간의 권력에 대한 욕망 때문에 항상 계약을 깨라고 부추기는 유혹이 존재한다. 제3자연법의 기능성을 보전하기 위해서는 다른 자연법들—궁극적으로는 통치권 개념—이 작동하기 시작해야 한다. 그러나 처음의 세 가지 자연법들이 자율적인 삼총사로서 이미 자연 상태를 벗어날 계획을 제공했다는 것을 깨달아야 한다.

제4자연법: 계약을 이행함으로써 누구도 그 계약에 따른 것을 후회하지 않도록 해준 사람들에게 고마워해야 한다. 제5자연법: 계약을 보호하기 위해 자신을 다른 사람들에게 적응시켜야 하고, 계약 자체가 파기되지 않도록 사소한 문제를 놓고 다투지 말아야 한다. 제6자연법: 미래에 대한 경고에 근거해서 과거에 잘못을 저지른 사람들이 후회하고 용서를 구하면 용서해야 한다. 제7자연법: 처벌은 잘못한 사람을 바로잡고 계약을 지키기 위해서만 쓰여야지 아무 실속도 없는 ('눈에는 눈'과 같은) 앙갚음이 되어서는 안 된다. 지나간 악의 크기보다는 다가올 선의 위대함을 보아야 한다. 제8자연법: 행위, 언어, 표정 등에 의해 다른 사람을 증오하거나 경시하는 낌새를 내보여서는 안 된다. 제9자연법: 모두가 본성적으로 동등하다는 것을 인정해야 한다. 교만해서는 안 된다. 제10자연법: 누구라도 다른 사람이 가지고 있으면 불만스럽게 생각할 권리를 갖겠다고 요구해서는 안 된다. 제11자연법: 사람과 사람 사이를 판정하는 일이 맡겨지면, 항상 평등하고 공정하게 처리해야 한다. 제12 자연법: 하천과 같이 나눠 가질 수 없는 자원은 공동으로 향유해야 한다. 나눠질 수 있는 경우에는 사람 수에 비례해서 나눈다. 제13자연법: 나누거나 공동으로 향유할 수 없는 자원은 추첨으로 배정되어야 한다. 제14자연법: 추첨에는 상속이나 최초 점유를 통한 자연적인 추첨과 경쟁자들에 의해 합의된 임의적인 추첨이 있다. 제15자연법: 모든 평화 중재자에게는 행위의 안전이 보장되어야 한다. 제16자연법: 평화를 지키려고 노력하는 개인들은 평화를 누리도록 내버려두어야 한다. 제17자연법: 분쟁은 중재자에 의해 해결되어야 한다.(홉스는 이미 제1원리들의 결정에 대해 논의하면서 이런 결론을 내린 적이 있다.) 제18자연법: 당면한 문제에 대해 이해가 얽힌 사람은 중재자로 적합하지 않다. 제19자연법: 자연법에 반해 무력으로 결정들이 내려지지 않으려면 중재는 증인들과 사실들을 신뢰해야 한다.

어떤 자연법이 정당하려면 "남이 자기에게 하지 않았으면 하고 바라는 일을 남에게 하지 말라"는 일반 규칙을 따라야 한다. 19가지 자연법은 도덕의 총화이고 영원불변하며, 이들 법에 관한 학문이 '도덕 철학'이다.

'자연법'이 정부의 권위가 실린 명령이 아니라 자연적 추론에서 이끌어낸 결론에 불과하기 때문에 '법'이라고 부르기에는 문제가 있을 수 있지만, 자연적 이성에 의해 요구되는 것이고 자연은 '만물을 주재하는' 신에 의해 지배된다는 의미에서 결국에는 '법'이 적절한 용어다.

자연법이 요구하고 옹호하는 계약 또는 신약(信約)은 체결 당사자 모두의 인격을 대변한다. 인격체의 유형에는 자연적 인격체와 인공적 인격체가 있다. 전자는 자신의 말이나 행위를 하는 인격체이고, 후자는 남의 말이나 행동을 하는 인격체다. 따라서 자연적 인격체는 낱말들을 만들어내는 '지은이'와 비슷하다. 모두가 자연적 인격체인 자연 상태의 자연인은 그 상태를 벗어나기 위해 자신의 말로 계약을 맺는 것이기 때문에 그 계약의 지은이들이고, 그 계약은 자연적 인격체들의 대리인이 되면서 그들의 주체성을 포괄하고 결합시킨다. 모두가 지은이인 자연적 인격체들로 이루어진 다중(多衆)은 그들의 의지를 집약해서 단일한 대표단을 만드는 과정에서 하나가 된다. 계약은 하나의 대리인이나 행위자로서 자연적 인격체들의 말을 인격화하므로 인공적 인격체의 정의(定義)에 들어맞는다. 사회적 통일을 상징하는 계약은 인공적 인격체이며, 이 같은 방정식을 통해 홉스는 리바이어던에 대한 강력한 도식화에 착수한다.

· 풀어보기

홉스의 철학은 초기에는 동력학과 인간의 본성을 검토

하다가 문명에 대한 통제된 학문으로 옮겨갔다. 초보적인 운동에서부터 사회계약의 창출까지 전 과정을 토대로 하는 그의 제안들은 참된 사회학, 즉 인간 사회가 엄정한 과학적 검사를 받게 만든 관념사상 최초의 일관된 시도로 이어지기 때문에 홉스는 서구 문화에서 사회학을 시작했다는 평가를 받는다. 그러나 홉스의 자연 과학과 사회 과학 사이에는 실질적인 틈새가 없고 그 연결 부위는 아무런 이음매도 없이 매끈하다. 다시 말해, 그의 두 학문은 하나의 연속체 위에 있는 두 점을 나타낼 뿐이다.

홉스의 철학적 설계는 자연적인 영역과 사회적인 영역이 엄격하게 구별되지 않았던 계몽주의 이전 역사의 한 순간에 등장한다. 브뤼노 라투르*는 18세기에 나타난 자연과 문화의 분열이 부분적으로는 홉스가 당대의 자연 철학자들과 벌인 논쟁들에서 연원했다고 암시한 적이 있다. 로버트 보일 같은 실험 철학자들이 그 학문들을 개혁하기 위해 홉스의 급진적인 설계를 배격하고 영국 왕립학회에서 추방했을 때 홉스는 자연 철학자보다는 사회 철학자의 범주로 분류되었다.(사실은 양쪽 모두) 지식인들의 속 좁은 말다툼

---

* **브뤼노 라투르**(Bruno Latour, 1947-): 프랑스 과학기술사회학자. 과학적 사실이 만들어지는 과정에서 실험 결과가 과학적 사실로 안정화되기 위해서는 인간과 비인간이 성공적으로 결합해야 하므로 인간이 아닌 기술이나 기계도 인간과 같은 행위자로 보아야 한다고 주장했다. 주요 저서는 〈사회 이론의 재구성〉 등.

들이 홉스의 글에는 존재하지도 않았던 선(線)을 자연 과학과 사회 과학 사이에 그었던 것이다. 따라서 자연의 학문과 사회의 학문은 연구 대상이 다른 것으로 생각되었으며, 자연과 사회의 차이가 생기게 되었다.(브뤼노 라투르의 〈우리가 근대적이었던 적은 없다 *We Have Never Been Modern*〉(1991) 참고)

그러나 17세기 초에는 자연적인 영역과 사회적인 영역의 차이가 근대와 같은 식으로 정의되지 않았다. 〈리바이어던〉은 자연과 사회가 단일한 과학적 노력의 주제가 될 수 있다는 점을 극적으로 보여주기 때문에 홉스의 관념들은 근대를 바라보는 전혀 다른 두 가지 지적 입장과 유사한데, 둘 다 정반대의 이유로 자연과 사회의 구별을 무너뜨린다. 구축주의(構築主義)*는 사회적 실제들과 행동이 자연에 대한 우리의 지식을 구축한다고 주장하는 반면, 사회생물학**과 심리생물학***은 자연과 자연적 요인들이 사회적 실제들을 결정한다고 보는 것. 두 입장에 모두 호의적인 홉스

---

* **구축주의**(constructivism): 우리의 경험에 비춰 우리가 사는 세상을 우리 식으로 이해한다는 전제를 토대로 하는 학문. 우리는 각자 자신의 '규칙들'과 '정신적 모형들'을 만들어 경험을 이해하는 데 이용하기 때문에 학문이란 우리의 정신적 모형들을 새로운 경험에 맞게 적응시키는 과정들일 뿐이라는 것. 구성주의.

** **사회심리학**(sociobiology): 과학의 다양한 분야들을 종합하여 사회적 행동들이 어떤 진화적인 이점이 있는지 검토함으로써 동물들의 행동을 설명하는 학문.

*** **심리생물학**(psychobiology): 생물학과 심리학의 상호 관계를 연구하는 학문. 뇌와 마음의 관계를 통해 생물학적인 영향들이 정신적 과정이나 심리적 기능에 끼치는 영향을 연구한다. 생물심리학(biopsychology).

는 각각의 입장을 〈리바이어던〉의 여러 군데에서 피력한다. 따라서 지금까지 살펴본 바와 같이 사회적 합의에 의한 제 1원리들의 형성을 옹호하면서도 인간의 지식, 도덕, 사회가 모두 물질의 근본적인 동력학적 운동의 소산이라고 주장하는 홉스는 사회생물학자이면서 사회적 구축주의자로 여겨질 소지가 있다.

Book 2 국가에 관하여

:요점정리

비록 자연법이 인간에게 평화를 추구하라고 요구하고 평화 달성에는 계약 체결이 가장 좋은 수단이라고 주장하지만, 권력에 대한 선천적인 굶주림 때문에 항상 그 계약의 안전은 위태롭다. 그런 근거에서 홉스는 어떤 지상(至上)의 권위가 있어야 그 계약 준수를 강제할 수 있다는 결론을 내린다. 국민에 의해 계약의 일부로서 확립되는 이 통치권자에게는 만인의 개별적 권력과 의지들이 주어지고, 신약을 깨는 사람에 대해서는 처벌할 권한이 부여되며 두려움을 통해 조종한다. 처벌의 위협이 자연법의 명령들을 강화하여 사회계약의 지속적 효과를 보장하는 것.

통치권자란 계약의 배후에서 계약을 지배하는 세력이다. 추상화된 계약과 인공적 인격체의 비유를 들어 말하자면, 통치권 개념은 인공적 인격체의 영혼이자 통치권자 자체, 곧 머리다. 홉스는 전체 국가를 은유하는 인공적 인격체를 가리켜 '리바이어던'이라고 하고, 그것의 구축에 대한 묘사는 제1권의 자연 상태에 대한 결론들을 기초로 그 심상들을 반복한다. "서로의 상해로부터 스스로를 지킬 수 있는 보통 권리를 세우는 유일한 길은⋯ 그들의 모든 권력과 힘을 한 사람이나 하나의 집단에게 부여해서 그들 모두의 의사를 다수의 목소리에 의해 하나의 의사로 환원시킬 수 있게 하는 것이다.⋯ 이것은 동의나 합의 이상이고, 하나의 동일한 인격체가 되는 것으로 그들 모두의 참된 통일이다. 그렇게 만드는 것은 만인이 만인과 맺은 신약이다. 그것은 마치 만인이 만인에게 나는 나의 자아를 다스릴 나의 권위를 이 사람에게 넘겨주는데, 단 거기에는 당신도 당신의 권리를 그에게 넘겨줘야 한다는 조건이 있다고 말하는 것과 같다.⋯ 다중(多衆)이 뭉쳐서 하나의 인격체가 되면 국가라고 부른다.⋯ 이것이 위대한 리바이어던이 형성되는 과정이다."

국가를 세우는 목적은 자연 상태를 벗어나고 사람들에게 평화와 공동 방위를 제공하는 것이며, 통치권자에게는 이 방위를 보장할 책임이 있다. 홉스는 한 개인이나 한 집단의 사람들일 수 있는 통치권자를 가리켜 항상 '그'라는 단수로 호칭하고, 국가의 수호에 필요하다고 판단되면 무슨 일이든지 할 수 있는 힘을 허용한다. 따라서 개인의 모든 권리는 통치권자에게 양도되고, 개인은 리바이어던을 세우게 만든 근원적 이유인 자기보존의 권리만 보유한다.

국가 건설에는 두 가지 방법이 있다. 획득(무력)과 제도(협정)가 그것. 후자는 자연인이 (리바이어던의 설립을 통해) 자연 상태를 극복하고자 하는 방법에 관한 홉스의 묘사와 일치한다. 무력으로 국가를 세우는 전자는 한 집단의 사람들이 그 획득에 저항하지 않고 통치권자를 면직시키지 않는다면, 통치권자의 권력이 그 사람들을 통제하고, 그들은 그의 통제에 따라야 한다는 의미가 된다.

통치권자의 권리를 살펴보면, 1) 신민들은 정부 형태를 변경할 수 없다. 2) 신민들은 통치권자에 대한 의무에서 벗어날 수 없다. 3) 누구라도 불의에 의하지 않고서는 다수에 의해 선포되고 세워진 통치권에 저항할 수 없다. 반대자들도 다수의 뜻을 따라야 한다. 4) 정의로워야 되고, 무고한 신민을 해쳐서도 안 된다. 5) 처형될 수 없다. 6) 수용될 수 있는 관념들이 무엇인지 결정하고(철학적·과학적 제1원리들의 최종 심판관), 평화를 해치는 교설들(주민에게 불화를 유발할 수 있는 관념들)을 검열할 수 있다. 7) 입법적 규칙들을 규정한다. 8) 모든 분쟁을 심리하고 판단할 수 있다. 9) 공공의 선을 위해 최적이라고 판단될 때 전쟁을 선포하거나 평화협정을 맺을 수 있다. 10) 참모 선택권이 있다. 11) 상벌권이 있다. 12) 시민군의 임명과 공직 임면 권한이 있다.

통치권자의 모든 권한은 제1권과 홉스가 논증 전반에 걸쳐 적용했던 철학적 방법들에서 연역된 자연법과 상응한다.

협의에 의해 임명된 지상의 권위에는 (한 개인에게 권력이 집중되는) 군주정치, (한 집단의 사람들이 권력을 갖는) 귀족정치, (정부를 위해 소집에 응할 의향이 있는 모든 사람에게 권력이 있는) 민주정치가 있고, 그 외의 여러 정부 형태는 이들로부터 연역될 수 있다.(가령, 선거를 통한 군주정치는 통치권이 그 군주를 선출한 사람들에게 있으므로 실제로는 민주정치) 홉스는 리바이어던의 세 가지 있음직한 형태 가운데 군주정치가 가장 낫다며 몇 가지 이유를 꼽는다. 첫째, 군주의 정치적 몸이 그의 공적인 몸과 같고, 따라서 군주의 이해관계와 국민의 이해관계가 같다.(국왕의 '몸'은 자신의 타고난 몸이면서 동시에 국가, 곧 리바이어던의 몸) 반면, 통치권적 집단의 경우, 지배자들은 공민들과 하나의 몸을 공유하지 않는다. 둘째, 군주는 전문가들을 골라 사적 자문을 구할 수 있으므로 귀족정치나 민주정치의 통치자들보다 더 효과적으로 자문을 받을 수 있다. 셋째, 한 군주의 정책들은 마음이 하나이므로 더 일관적이다. 넷째, 군주가 자신의 뜻에 반대할 수는 없으므로 내란 가능성이 더 적다. 끝으로 통치권자가 후계자와 승계 방법을 선택할 수 있으므로 권력 승계가 더 안정적이다.

홉스의 정치적 국가인 리바이어던은 괴물이다. '리바이어던'이란 이름 자체가 성서에 나오는 바다 괴물을 가리킨다. "어느 누가 감히 그에게 대항할 수 있을 만큼 난폭하랴… 그의 둥근 이들은 심히 두렵구나. 서로 단단하게 달라붙어 있는 비늘들은 그의 긍지… 그의 입김은 숯불을 지피며, 그의 입은 불길을 뿜는구나.… 그가 일어나면 용사라도 일어나 달아나리라.… 지구상에 그와 같이 두려움을 모르는 것이 없다."(욥기 41: 10-33) 그러나 홉스가 이 짐승에서 정치적 국가를 착상하게 된 것은 욥기가 리바이어던을 '모든 교만한 자들에게 군림하는 왕'이라고 묘사하기 때문이고, 그 국가는 구성원들의 타고난 교만함을 억누르고 두려움을 이용해서 자연 상태의 재발을 막아야 하므로 모든 괴물들 가운데 가장 무시무시한 리바이어던이어야 하는 것이다.

리바이어던 같은 국가의 배후에는 항상 자연 상태의 소름끼치는 양상들이 도사리고 있는데, 시민전쟁은 그의 인공적인 몸이 붕괴하고 모든 신민들을 자연 상태에 빠지게 하는 원인이다. 자연 상태에 대한 두려움이 내란을 피하는 이유라면, 통치권을 지닌 리바이어던에 대한 두려움도 또 다른 이유가 된다. 리바이어던이 구축된 목적은 자연 상태에 대한 두려움과 싸우기 위한 것이지만 리바이어던은 두려움을 무기로 휘둘러야만 그 목적을 이룰 수 있기 때문에 홉스의 세계관에서 두려움은 인간이란 존재로부터 절대 사라지지 않는다. 그러나 리바이어던에 대한 두려움에는 안전, 즉 평화와 생명 보존의 보장이 수반되는 반면, 자연 상태에 대한 두려움에는 그런 보장이 없기 때문에 당연히 리바이어던 안에서 살아가는 사람들이 경험하는 두려움이 자연 상태 안에서 살아가는 사람들의 두려움보다는 낫다.

홉스의 정치적 왕당주의는 군주정치를 선호해서 리바이어던의 다른 형식인 귀족정치와 민주정치에 대한 검토를 포기할 때 분명해진다. 비록 그가 군주정치를 가장 높이 평가하는 몇 가지 이유를 제시한다고 해서 그 철학적 논거에 반드시 군주정치의 탁월성이 수반되지는 않는다. 〈리바이어던〉의 나머지 부분은 다른 두 종류를 버리고 하나의 리바이어던적 통치권을 발전시키지만, 그가 펼치는 논의의 뼈대는 귀족정치나 민주정치에도 똑같이 강력한 논거들이 있다고 생각할 여지를 남긴다. 홉스는 군주주의자였고 그의 글들도 그 점을 반영하지만 그의 철학이 전체주의적인 색채가 덜한 맥락 안에서도 사용되지 못할 이유는 없는 것이다. 절대 군주제의 근거를 마련했다는 역사적 평가와 함께 그의 저술이 독재적이라고 무시되는 경우가 자주 있으나 통치권은 국왕뿐만 아니라 통치권적 의회와 통치권적 민주국가들에도 존재한다고 보았다는 사실은 반드시 기억해야 한다.

:요점정리

　협의에 의해 확립된 통치권을 주로 다룬 홉스는 무력을 통해 확립된 통치권에도 계약의 권리와 의무들이 모두 있다고 말한다. 유일한 차이라면 통치권자가 임명되고 유지되는 방식이다. 제도나 보편적 합의를 통해 권좌에 오르는 통치권자는 사람들이 서로를 두려워하기 때문에 지지를 받는 반면, 획득이나 무력에 의해 권좌에 오르는 통치권자는 사람들이 통치권자 자체를 두려워하기 때문에 지지를 받는다.

　계약에 의한 통치권은 어린 자식에 대한 부모의 권력과 비슷하다. 자연 상태에서 어린아이는 양친 모두에게 속하지만 한 신민이 두 주군에게 복종할 수 없으므로 한쪽 부모만 절대적 지배권을 지닐 수 있다. 혼인에 관한 법률이 없는 자연 상태에서는 자식들의 아비는 어머니만 알기 때문에 아버지는 아버지로서의 권위를 내세울 근거가 없고 가족적 권한은 당연히 어머니 차지가 된다. 그러나 홉스는 자연인이 통치권자와 계약을 맺어 안전과 평화를 얻는 대가로 개인적 권리들을 희생시켜 자연 상태를 벗어나듯, 자연 상태에서는 아버지 쪽에 가족의 권한을 주고 아울러 안전과 평화를 위해서도 양친이 계약을 맺는다고 암시한다. 이 계약에 의해 어머니와 자식은 아버지에게 복종하고, 아버지는 통치권적 권한을 갖기 때문에 제도화된 통치권적 권력은 '가부장적'이라고 불리게 된다. 그러나 홉스는 통치권적 권력이 자연적으로는 아버지에게 귀속되는 것이 아니라 오히려 어머니에게 귀속된다고 주장하고, 통치권은 오로지 계약에 의해서만 결정되며 가부장적 권위는 자연이나 종교의 명령이라기보다는 역사적 우연이자 남자를 선호하는 권력적 지위를 지닌 남자들에 의해 좌우된다고 암시함으로써 가부장적 담론을 부인한다.

　　획득된 통치권적 권력은 종종 주인과 하인의 관계처럼 보이기 때문에 ('가부장적'의 반대인) '폭군적'이라고 불린다. 그러나 홉스는 이 관계 역시 (노예와 노예소유주의 관계가 당사자들의 자발적인 계약에 따른 것이 아니기 때문에 노예는 복종 의무가 전혀 없고 따라서 노예소유주에게 정당하게 반항할 수 있는 관계와 달리) 계약에 의한 것이라고 말한다. 따라서 폭군과 가부장적 통치권자는 하나이면서 같다.

홉스는 통치권적 권력 아래서 자유의 진의를 검토하고 자유란 물리적 방해를 받지 않고 자기 의지에 따라 행동하는 능력을 의미한다고 말한다. 오로지 쇠사슬이나 구금만이 사람의 행동을 막을 수 있기 때문에 모든 신민은 통치권 아래서 절대 자유를 갖는다. 비록 통치권자가 강제하는 계약과 시민법들이 특정한 행위를 막는 '인공적인 쇠사슬들'이지만, 신민들 자신이 창조한 것이기 때문에 절대적인 자유와 해방은 여전히 존재한다. 그 사회계약을 작성하고 통치권자의 권력을 지어낸 쪽은 신민들이므로 자신들의 행동에 대한 모든 방해는 스스로 책임져야 하고 따라서 불평할 수가 없다는 것.

죽음과 타인의 권력에 대한 두려움 때문에 행동이 자유롭지 않았던 자연 상태에서는 자유가 존재하지 않았으나 리바이어던에서는 두려움과 권력은 존재해도 신민 스스로가 통치권자에게 도구로 쓰라며 양도에 합의했으므로 절대 자유를 얻은 셈이다. 다시 말해, 통치권자의 권력을 지어낸 신민은 통치권자의 행동에 책임을 져야 하기 때문에 그가 신민을 가두거나 죽이더라도 그 운명을 받아들여야 한다는 것. 홉스는 자유란 신민들에 의해 권위가 주어진 통치권적 권력 아래서만 진정으로 존재할 수 있다고 결론짓는다.

그러나 일반적으로 자유를 어떻게 이해하는지—이를테

면, 신민은 원한다면 정당하게 통치권자의 명령에 저항하거나 불복할 수 있는지—에 대해 검토한 홉스는 그런 자유가 자연법으로 되돌아간다는 결론을 내린다. 자기보존의 권리를 가진 신민은 결코 자기를 해치거나 죽음의 위험을 자초하거나 자살하거나 남을 해쳐서는 안 된다는 것.(통치권자는 불복종한 신민을 정당하게 벌하거나 죽일 수 있지만, 그 경우 그 신민은 자기 방어권을 갖는다.) 그러나 신민이 그 외의 행위를 빌미로 통치권자에게 저항하는 것은 국가를 보호할 통치권자의 능력을 손상시키기 때문에 부당하다.

만약 통치권자가 더 이상 방어 기능을 제대로 해내지 못한다면, 리바이어던의 영혼은 그 몸을 떠나고, 국가는 붕괴하며, 신민들도 계약 때문에 그에게 속박당하지 않는다. 어떤 이해관계 때문에 결합된 개인들의 집단으로 정의되는 리바이어던이란 몸의 '조직들'은 예를 들면, 마을들, 지역들, 상인조직들, 가정들이다. '정규적인 조직'에는 한 사람 또는 일단의 합의체가 전체 구성원의 대표자로 구성되어 있고, 그 이외에는 모두 '비정규적 조직'이다. 그 대표자는 조직 구성원들이 계약에 의해 신민이 되었다는 점에서 통치권자와 비슷하지만, 그의 권력은 통치권자의 권력에 종속되므로 절대적이지 않다. 자신의 대표자 이외에 어느 누구에게도 종속되지 않는 절대적이고 독립적인 정규적 조직은 오직 국가뿐이다. '정치적 조직'은 통치권자에 의해 확립되고,

'사적 조직'은 사람들 스스로의 의지력에 의해 세워진다. '법적 조직'은 통치권자에 의해 허용되는 반면, '불법적 조직'은 그렇지 않다.

통치권자의 임명에 의해 특정 분야의 일을 관장하게 되는 공적 대리인은 맡겨진 일에 관해 권한을 갖고 국가의 인격을 대표하며 리바이어던의 몸에서는 지체를 움직이는 신경이나 힘줄로 여겨진다.

해당 국가나 다른 국가들에 의해 생산된 상품과 재화는 리바이어던의 몸을 위한 '영양분'이고, 돈은 몸 전체를 순환하면서 생기를 불어넣는 혈액이다. 끝으로 리바이어던은 '대농장'이나 '식민지'란 자식들을 낳음으로써 스스로를 복제한다.

:풀어보기

우리는 앞에서 홉스의 논거를 이루는 각각의 층위가 이전 층위들을 그대로 모방한다는 사실을 알았는데, 리바이어던의 구조도 비슷한 방식으로 그려진다. 리바이어던은 크기가 다른 인형들이 작은 것부터 큰 것으로 차례차례 끼워져 있고, 각각의 인형은 안팎에 있는 다른 인형보다 작거나 큰 형태인 조립인형의 모습이다.(맨 안쪽의 가장 작은 인형은 개별적인 신민, 맨 바깥의 가장 큰 인형은 국가, 곧 리바이어던) 전체로 보면, 리바이어던은 모든 사람들을 대표하는 대리인이지만, 그 몸은 각각의 대리인이 있는 종속된 조직들의 연속으로 이루어진다. 계약에 의한 통치권의 조건은 신민들과 관련해서는 각 대리인에게 동일하지만, 절대적 통치권은 그 구조의 맨 꼭대기에 있는 리바이어던적 통치권자에게만 있다. 대표의 최소 단위는 가족이고, 그 속에서는 계약에 의해 아버지가 어머니와 자식들을 대리한다. 리바이어던의 극소 원소는 개개 인간의 몸이고, 개개의 구성원들은 홉스 철학에서 인간의 행동들을 궁극적으로 결정한다고 말하는 물질의 최소 운동처럼 전체인 리바이어던의 행동을 맡은 궁극적 행위자다. 리바이어던의 몸을 이루는 각각의 부분은 다른 부분들을 강화하고 그것들에게 작용한다. 이처럼 복잡한 리바이어던의 구조는 사실상 파괴를 불가능하게 만들어 가장 오래 지속될 수 있는 평화를 보장한다.

리바이어던의 층위적 내구성은 안전과 자유를 제공할 능력도 있지만, 곤란한 면들도 있다. 홉스가 신민에게 대리인의 행동들을 지어내었다는 책임을 떠맡도록 만들면서, 현재 상태에 대한 완전한 수용이 굳어지는 것. 물론, 이런 상황은 홉스가 목표하는 것이고, 그 생각들을 이루는 논리는 매우 튼튼하다. 그러나 대리인의 행동이 언제나 실제로는 구성원들의 행위로 인정되어야 할 때는 시민적 변화의 가능성이 전혀 없다. 홉스는 비유를 통해 자신의 주장을 보강하려고 한다. 한 물체에서 다음 물체로 운동을 순차적으로 옮김으로써 외부의 물질적 물체들의 동력학이 인간의 신체적 감각, 인식, 사고를 낳는 것과 같은 방식으로 한 국가의 신민들이 통치권자의 행동을 결정한다는 것. 그러나 이 논거를 받아들이더라도 곰곰이 생각해 보면 부적절한 점이 나타난다. 왜냐하면, 물질의 운동이 인간의 인식을 유발시키는 것과 같은 방식으로 개별 구성원이 통치권자의 행동을 직접 유발하지는 않기 때문이다. 홉스의 비유는 인간의 인식 일반이 물질적 운동들에 의해 유발되듯이 비록 어느 정도의 영향력은 지니고 있을지 모르더라도 신민이 아니라 물질적 운동에 의해 통치권자의 행동이 유발된다고 암시하는 것처럼 보인다.

홉스는 통치권자의 권력이 사실상 가부장적일 것이라고 확신하면서도 논리적으로 전제적이거나 폭군적인 통치 양상으로 퇴보하지는 않을 것이라고 장담하지는 못한다. 통치권자가 더 이상 국가의 안전을 수호하지 않을 경우, 신민들은 그에게 복종할 의무가 없다. 그러나 최소 구성원들이 전체 인물의 행동을 책임지도록 촘촘하게 서로 연결된 리바이어던의 몸은 그 속에서 일어나는 폐해가 자연 상태보다 더 나쁠 경우에도 정부의 변화에 저항한다.

: 요점정리

　　홉스는 리바이어던의 기능성을 자세히 다루면서 국가의 특수한 직무들과 법률적 문제들을 묘사한다. 통치권자의 자문관들은 그 지위에 걸맞아야 하고, 지식, 능력, 경험도 그들이 해야 할 조언에 어울려야 한다. 나아가 자문관의 목적과 관심은 통치권자의 그것과 같아야 하는데, 그렇지 않으면 불화가 이어진다. 단연 뛰어난 부류의 정부는 통치권자가 눈에 띄지 않게 많은 자문관들의 자문을 받아 운용하고, 그 다음으로 좋은 정부는 통치권자의 단독 판단에 따라 운용한다. 최악의 정부는 통치권자에게 진언하기 전에 어렵사리 다양한 합의에 이르러야 하는 참모들의 도움으로

운용된다.(의회를 암시) 홉스에 의하면, 합의란 한 사람이 다양한 의견을 경청한 뒤에 책임을 지고 결정을 내려야 가능해진다.

따라서 통치권자만이 법률들의 최종 심판관이다. '시민법'이란 국가가 말이나 글 또는 통치권자의 의지를 나타내기 위한 표시를 통해 신민들에게 명령하는 규칙들이다. 법률은 반포되어야 효력을 발생하고, 그렇지 않으면(가령 통치권자가 법률들을 공표하지 않거나 신민이 어린이나 백치와 같아서 그런 법률들을 알 수 없는 경우처럼) 정당하게 집행될 수 없다. 그러나 시민법의 기초를 이루면서 그 속에도 포함되는 자연법의 정당한 집행은 반포에 의존하지 않는다. 자연법은 공표라는 인위적인 과정과 절차가 아니라 오로지 만인이 타고난 이성을 통해서만 알 수 있기 때문이다.

모든 법률은 판단과 해석이 필요하고 통치권자는 최종 심판관이기는 해도 자신의 법률을 운용할 재판관을 임명하고 거느릴 수 있다. 재판관은 공평무사하고, 평등하게 결정하며, 이성을 적절히 발휘해서 결론에 이르러야 한다.

재판관은 때때로 어떤 법률의 범법자가 그 법을 몰랐다는 합리적인 증거가 있을 때는 그런 위법은 용서할 수도 있다. 그러나 잘 알고 잘 알아야 하는 법을 위반한 사람은 결코 용서받을 수 없다. 만인의 이성에게 자명한 자연법을 위반하면 면죄의 여지가 없는 것.(단, 아이들, 광인들, 이성

이 없는 생물들, 정당방위 등은 예외)

'처벌'은 '공적인 권위가 법률을 위반한 신민에게 가하는 해로움'이다. 통치권자는 국가의 안전을 수호하기 위해 범법자를 처벌할 권리와 특정한 신민들에게 법률을 위반한 다른 신민들을 처벌하라고 요구할 권리가 있으나 범법자에게 스스로를 처벌하라고 요구할 수는 없다. 통치권자가 창조된 이유인 근본적인 자연권—자기보존의 권리—을 위반하는 것이 되기 때문이다. 더욱이 법률의 근원이자 법률의 지배를 받지 않는 통치권자의 행위를 불법이라고 선언할 수도 없다.

'처벌'의 반대는 '보상'이다. '보상'이란 공적 권위가 신민에게 베푸는 것인데, 공적 권위의 은혜로 베풀어지는 '선물'과 계약에 의해 어떤 봉사의 대가로 주어지는 '급료'가 있다. 처벌과 보상의 상호작용은 리바이어던이 제대로 기능을 발휘하게 만드는 것이고, 몸에 비유하자면, '국가의 사지와 관절을 움직이는 신경과 힘줄 같은 것'이다.

이어 홉스는 제 기능을 발휘하는 국가에 대한 논의를 마치고 혼란스러운 국가, 즉 건강하지 못한 리바이어던을 검토하면서 결함을 가지고 잉태된 국가를 '생식의 결함,' 즉 선천적 기형에 비유한다. 건강하지 못하거나 불안정한 리바이어던이 등장할 수 있는 경우는 1) 통치권자에게 절대 권력이 부족할 경우. 2) 행동의 선과 악이 시민법보다 각각의 사적 개인에 의해 결정될 경우. 3) 개인의 양심이 항상 시민적 의무보다 우선되어야 한다는 그릇된 믿음을 품고 있는 경우. 4) 신민들이 통치권자가 시행하는 학문적 교의보다는 초자연적 현상들을 믿음으로써 지식에 대한 통치권자의 권위에 도전하는 경우. 5) 통치권자가 자신이 창조한 법률(시민법)에 구속되는 경우. 6) 신민들이 자신의 재화에 대해 절대적 소유권을 가지고 있다면서, 국가의 모든 자산에 대한 통치권자의 정당한 권리 주장에 저항하는 경우. 7) 개인들이 통치권자의 권력을 나눠 갖는 경우. 8) 국가가 외국 정부들을 모방하는 경우. 9) 국가가 고대 그리스인과 로마인을 모방하는 경우. 10) 리바이어던이 시민적 권위와 영적 또는 종교적 권위를 분할하는 경우. 11) 다양한 통치 양상들이 뒤섞인 정부일 경우. 12) 정치적 분별력으로 위장한 사람들이 절대 권력에 대항하여 논박하는 자유를 가질 경우 등. 이러한 상황들은 '선천적 기형'이든 시간이 흐르면서 나타난 '질병'이든 결국에는 리바이어던 안에서 분열을 일으킬 것이고 다시 내란으로 이어진다.

통치권자의 직무는 신민들의 안전—단지 생명 보존에 그치지 않고 국가에 해를 끼치거나 위험을 야기시키지 않으면서 각자 열심히 노력해서 얻을 수 있는 삶의 만족—을 확보하기 위해 고안된 것이다. 그 직무가 충실히 이행되지 않으면 리바이어던은 영혼이 사라진 시체나 마찬가지다. 통치권은 내란이나 국가 간의 전쟁에서 패하면 해체된다. 리바이어던이 몰락하는 순간, 신민들은 자연 상태로 되돌아가 다시 타인의 권력들에 대해 무슨 권력을 써서든 스스로를 보호해야 하는 처지가 된다.

이런 끔찍한 결과를 피하려면 이 책에서 제시하는 철학을 따르고, 그것을 바탕으로 국가를 보호하는 통치권자의 능력을 도와줄 모든 일에서 그에게 복종하면 된다. 통치권자의 명령이 신의 계율과 상충되거나 일치하지 않을 수 있다는 점에서 이의가 있을 수 있다. 신민은 시민적 처벌을 피해야 하지만, 그 과정에서 신의 처벌도 피해야 하기 때문에 신의 계율과 그 계율이 어느 정도나 통치권자의 법률과 상응하는지를 알아야 한다. 홉스가 리바이어던의 토대라고 밝혔던 신의 자연법은 결국 원동자인 신으로부터 연원하는 자연적 이성에 의해 지시된다. 그러나 신은 예언적인 법도 제정하는데, 제3권의 설계는 홉스의 철학적 방법을 이러한 예언적 법의 식별에 적용하는 것이다.

· 풀어보기

제2권에서 홉스가 전개하는 논거는 계약에 의해 세워진 국가를 철학적으로 묘사(연역)하는 일과 이상적인 사회를 세우기 위한 정치적인 처방(유토피아)을 내리는 일 사이에 걸쳐져 있다. 이 부분에서는 세부적인 통치권적 행정과 리바이어던이 지닌 법률 체계의 구조를 다루는데, 앞부분과 묶어서 보면 새로운 정치 구조를 세우기 위한 청사진을 제공한다. 이 책이 영국의 재건에 영감을 불어넣어주는 의도된 정치적 효과가 있었다면, 리바이어던의 건설과 체계에 관한 구상들은 철저히 개관되었다고 하겠다.

홉스는 가설적인 완벽한 정부를 상상함으로써 자신의 기하학적 방법을 통해 결론들을 연역하고 있다고 여러 차례 우기면서도 그 과학적(곧 분석적)인 주장을 스스로 약화시킨다. 다시 말하지만 이 책은 여러 장르와 글쓰기 형식이 뒤섞여 있는 잡탕이다. 제2권의 마지막 부분은 정부의 개혁과 정치 선전 문구를 담은 글들과 흡사해서 청교도 혁명과 왕정복고 당시에 유포되던 정치적인 소책자들을 상기시키면서도 판에 박힌 유토피아 공상소설도 생각나게 한다.

그러나 제3권은 갑작스레 신학과 성서 주해로 전환되면서 정치적 유토피아 유형은 사라진다. 〈리바이어던〉은 여러 장르를 혼합한다는 점에서 미하일 바흐친*이 말하는 대화라고 할 수 있으며, 다양한 장르의 관례들을 절충해서 자기만의 수사적 구조를 세우려고 하는데 결과적으로는 뚜렷

---

* **미하일 바흐친**(Mikhail Bakhtin. 1895-1975): 러시아 문학이론가. 문학작품은 '독백적'인 말이 아니고, '타아'의 목소리들이 개인의 목소리가 되어 자아와 타아의 목소리들이 벌이는 대화이며, 그래야 한다는 것. 주요 저서는 〈도스토예프스키 시학의 제문제〉 등.

이 어떤 단일 장르 속에 자리하지 못한다. 왜냐하면, 이 책은 철학, 박물지, 정치 선전, 유토피아, 비극, 서사시, 신학이 아니라 그 모두를 그러모아 독특한 양식의 공간을 만들어내기 때문이다. 장르 밖에 있으면서도 교묘하게 자기 목적에 맞춰 장르를 이용하고 있는 것.

Book 3
기독교 왕국에 대하여

　　제1, 2권에서는 '신의 자연적인 말씀' 또는 자연 이성이 알 수 있는 자연의 사실들을 검토했고, 이러한 자연적 질서를 자연법을 토대로 하는 정부 형식으로 확장시켰다. 이제 여기서는 '신의 예언적인 말씀' 또는 이성만으로는 알 수 없지만 복종해야 하는 기독교 신앙의 요소들을 다룬다. 홉스는 리바이어던에 대한 논의에서 모든 지식과 믿음과 권력은 통치권자로부터 나와야 평화를 지킬 수 있다고 주장했다. 그러나 통치권자의 법이 신의 예언적 법(그 근원인 신의 자연법과 모순될 수 없다.)과 모순되면, 신민은 어느 법을 따를 것인지 결정해야 한다. 홉스는 두 개의 모순되는 법을 모두 따를 수는 없다며 주인이 둘이면 '사람들은 두 마음을 품게 된다'(39장)고 주장하고, 행여 기독교와 갈등이 생길 경우에는 항상 따라야 한다고 주장한 통치권자의 법을 확고히 세우고자 한다. 제3, 4권에서는 기하학으로부터 원용한 방법들보다는 기독교가 자신의 철학 체계와 완벽하게 일치한다는 점을 보여주기 위해 급진적인 주해식 방법에 초점을 맞춰 교묘하게 성서를 읽고 해석하며, 그 과정에서 사실상 17세기의 기독교 교리 전체를 공격한다.

홉스는 세상이 '하나님의 왕국'이란 믿음 때문에 기독교도 신민들에게 '이중적' 시각이 생겼다고 쓴다. 신과 시민적 통치권자가 모두 세상의 왕이라고 믿으면 시민들의 충성도 분열되게 마련이란 것. 그리고 하나님의 왕국은 세상이 끝날 때까지 오지 않을 것이며, 따라서 시민적 통치권자가 이 세상의 왕이란 것을 성서 읽기를 통해 밝히려 한다.

신이 항상 이 세상에 존재한다는 믿음 아래 확립된 교회의 권위로 인해 이중적 시각이란 문제가 심화되었다. 통치권자의 영역을 벗어난 권위(신과 계시된 종교의 권위)에 근거한다고 여겨지는 권력과 지식을 보유한 교회들, 교황들, 사제들, 목회자들, 신학자들로 이루어진 제도는 리바이어던의 권력 구조에 틈새를 만들어낸다. 통치권자의 권위와 교회의 권위가 양립하면 한 신민의 지식과 복종은 두 수장에게로 나뉘고, 그 결과 내란이 일어나게 된다는 것. 그 같은 상황은 안전을 위태롭게 만든다는 점에서 자연법에 반하며, 종교적 권위와 시민적 권위가 두 몸통으로 나뉘는 것은 하나님의 말씀에도 어긋나기 때문에 통치권자는 모든 종교의 수장이기도 해야 한다.

홉스의 철학이 내리는 결론과 모순되는 듯한 특정의 종교적 교리들 역시 이중적 시각에 책임이 있다. 천사들, 심령들, 기적들에 대한 믿음은 하나님 왕국의 임재가 아주 가깝다는 믿음을 강화시키면서 통치권자가 다스리는 지상 왕국의 뿌리를 갉아먹기 때문에 홉스는 그런 믿음들이 교리적 신앙에 의존하지 않는다는 것을 보여주어야 했다. 교회 당국은 자신들의 권력을 통치권자와 차별화시키기 위해 사람들에게 이러한 믿음을 영속화시켰으나 그 믿음들은 모두 홉스의 철학으로 설명될 수 있다.

물질충만 공간인 우주에는 비물질적인 정령과 천사들은 있을 수 없다. 만물이 물질로 이루어진다면 비물질이란 개념은 그 자체가 비논리적이다. 이런 현상들은 물질의 운동이 인간의 대뇌에 미친 효과에 의해 유발되는 경험인데, 실제로는 존재하지도 않는 무언가를 보고 있다고 믿게 만든다. 따라서 정령들, 천사들, 그리고 성자들의 환상은 '두뇌의 우상들'이며, 그런 우상들을 숭배하는 것은 기독교와 모순되고 우상들 속에는 존재하지 않는 신에 대한 신앙을 위축시킨다. 그런 두뇌의 우상이 가령 대뇌에 이르는 일정한 운동들의 연쇄를 개시함으로써 어떤 전언을 전달하기 위해 하나님이 보낸 사자라면 천사라고 불려야 옳지만, 비물질적인 실체로서 숭배하거나 두려워하기보다는 그것이 무엇인지를 깨달아야 한다.

기적이나 예언을 통해 전달되는 하나님의 말씀 역시 마찬가지다. 기적이란 것도 대개 자연적 원인들에 의해 설명될 수 있으며, 일단 내막을 알고 나면 기적의 경이로움은 줄어든다. 그러나 사람들은 거짓 기적에 속기 쉽고 남들의 해석에 쉽사리 흔들린다. 신이 자신의 의지를 펼칠 대리자의 사명을 명백히 하기 위해 행해진 참된 기적은 그 대리자의 능력이나 역량보다는 신이 직접 만들어내는 것이다. 따라서 성인, 사제, 선지자들처럼 신의 권능을 특별히 받았다고 주장하는 사람들은 신의 의지가 흘러가는 물길에 지나지 않으므로 숭배해서는 안 된다.

지옥, 저주, 악마 등의 개념도 무지몽매한 사람들의 믿음을 흔들기 위해 이용되어 왔고, 적법한 통치권자로부터 등을 돌리게 만든다. 교회 당국은 그동안 개인들의 행동에 영향을 주려고 현세의 죄에 대한 영원한 벌이나 고문과 관련된 믿음들을 도구로 써먹었지만, 홉스는 성서 읽기를 통해 습득된 지식과 유물론적 철학의 입장에서 이런 개념들은 불가능하고 은유적으로만 사용될 수 있다고 주장한다. 물질적인 인간의 몸은 비물질적인 장소에서는 고문당할 수 없고, 비물질적인 악마들은 존재할 수 없기 때문에 영원한 고문과 저주의 위협은 비논리적이며 성서에도 나오지 않는다는 것. 반면, 구원은 이 세상에 하나님의 왕국이 도래한 뒤에 몸이 부활하는 것이며, 따라서 현세를 물질적으로 이해하는 것에 어긋나지 않는다.

홉스는 성서와 자연법이 통치권자가 종교의 수장도 되어야 한다는 자신의 결정을 지지한다고 주장한다. 교회의 권위가 통치권자에게 복속되지 않으면 사람들은 정반대의 교의들을 배우게 되고, 내란으로 이어질 수밖에 없다. 정반대되는 두 개의 교의가 있다면, 양쪽이 참일 수는 없고, 반드시 한쪽 또는 양쪽이 거짓이다. 평화는 어느 쪽이 참인지를 결정하는 통치권자의 권력에 의해 보호를 받는다. 그러나 통치권자가 신이 보기에 거짓인 교의를 선택한다면 어떻게 될까? 유일하게 필요한 교의는 기독교도들이 그리스도가 구세주라고 믿어야 한다는 것뿐이고, 자연법은 하나님의 자연스런 말씀인 것이 분명하기 때문에 지켜져야 한다. 다른 교의들은 모두 사람들이 쓴 해석이므로 하나님의 참된 말씀이라고 선포해서는 안 된다. 따라서 만약 기독교도인 통치권자라면 신민에게 하나님의 말씀과 어긋나는 무언가를 믿으라고 강요하는 교의를 명할 수 없다.

그러나 기독교도가 아닌 통치권자라면 어떻게 될까? 믿음은 명령으로 강제될 수 없고, 통치권자로부터 그리스도를 구세주로 믿지 말라고 명령받은 신민이라면 강제로 통치권자에게 복종하도록 만들어서는 안 된다. 그 신민은 기독교에 어긋나는 믿음을 공표하라는 요구를 받을 수는 있겠지만, 진실한 내면의 믿음에 대해서는 명령할 수 없다. 만약 그가 사형을 당한다면, 그의 순교는 신에게 자신의 믿음을 보여주는 한층 강한 증거일 뿐이다. 따라서 통치권자가 분명히 하나님의 말씀과 정반대되는 명령을 내리는 경우에도 기독교도인 신민은 결코 신에게 불복할 위험에 빠지지 않는다.

평화를 확보하려면 신민은 모든 일에서 통치권자에게 복종해야 하는데, 홉스는 통치권자인 하나의 주인에 대한 복종이 현세와 내세에서 안전을 제공한다는 것을 보여준다. 한 리바이어던에게 머리가 둘일 수 없으니, 통치권자가 항상 종교적 교리의 토대가 되어야 하고, 교회들, 교황들, 목회자들은 항상 통치권자에게 종속되어야 한다. 자연의 이성과 성서에 대한 해석을 통해 종교의 요소들 가운데 참된 것, 미신적인 것, 거짓된 것이 무엇인지를 결정한 홉스는 완벽한 국가를 창조하려는 자신의 계획이 기독교의 필수적인 조목들과 완전히 일치한다는 것을 보여주려고 한다.

. 풀어보기

홉스는 우주란 모든 물체들이 모인 것이므로 이 세상에는 신이라는 영적인 존재가 있을 수 없다고 주장했다. 신의 증거를 이성과 기적 또는 신이 보내는 예언적인 말을 통해 발견할 수 있을지는 몰라도, 신은 이 세상 안에는 없고 그 바깥에서만 존재할 수 있다는 것. 따라서 하나님의 왕국은 세상이 끝나야 존재할 수 있지만, 인간적 몸들이 그 왕국의 백성이 되려면 마치 이 세상에 존재하는 것처럼 생각해야 한다. 홉스는 그리스도가 이 세상이 끝날 때까지 왕으로 다스리지 않을 것임을 보여주기 위해 그리스도의 말이라고 기록된 대목을 인용한다. 따라서 이 세상에는 시민적 주인과 신적인 주인이 있다는 믿음은 평화뿐 아니라 논리적이고 종교적인 진리에도 어긋난다. 그러나 아무리 홉스가 자신의 논거들이 기독교와 완벽하게 일치한다고 주장하더라도, 이 세상에 신이 존재하지 않는다는 견해는 당시로서는 극히 신성모독적인 입장이었다. 제3권에서 자주 '무신론자들'을 비난하는 것은 그런 범주로부터 거리를 두려는 노력처럼 보인다. 홉스는 분명히 신을 믿었다. 그의 철학은 그를 비록 물질의 중재를 통한 것이기는 해도 세상에 간여하는 원동자가 있어야 한다는 결론으로 되돌아가게 만든다. 그러나 신이 심지어 그리스도로서 이 세상에 태어났음에도 인격적으로 존재하지 않는다고 연역함으로써 당대의 종교적 믿음과 관련하여 위태로운 입장에 놓였다.

제3권에서는 주로 문학 비평 기법을 사용하고 있다. 제1, 2권의 유물론적 논거들을 따르기 위해 성서의 주석을 재구성하는 것은 17세기의 문화적 풍토에서는 과감한 시도였다. 17세기의 과학계는 자연의 사실과 종교적 믿음을 조화시키려고 노력했지만, 그런 경향은 (갈릴레오의 재판과 처형에서처럼) 신학적 지식에 자연적 지식을 포함하거나 자연적 지식과 신학적 지식을 완전히 분리시키는 것(자연적 사실들에 대한 연구에는 종교적 함의가 없다고 주장하는 로버트 보일과 왕립학회 회원들의 전략)이었다. 반면, 홉스는 자연적 사실들과 철학적 결론들에 대한 그의 결정을 따르기 위해 신학적 지식을 받아들여 재해석한다. 성서가 자신의 과학적 주장들을 입증한다는 것을 보여주고, 이런 식으로 자연 철학을 신학에 종속시키는 것이 아니라 그 반대로 만드는 것.

그러나 그 전략은 17세기 영국에서는 널리 받아들여지지 않았을 것 같다. 당대 사람들에게는 홉스의 전체주의적인 철학보다는 종교적 믿음에는 별로 영향을 주지 않고 신학적 지식도 그다지 구속하지 않는 자연 철학이 좀더 정치적으로 마음에 들었던 것. 그 결과, 홉스식 과학이 확고한 지식을 생성할 수 있는 역량에도 불구하고 영향력을 발휘하지 못한 반면, 왕립학회가 주장한 좀더 분리주의적인 과학관이 근대 실험 과학의 기초가 되었는지도 모른다.

Book 4
어둠의 왕국에 관하여

:요점정리

　성경은 어둠의 왕국을 사탄과 악령들의 연방으로 묘사한다. 그러나 이미 악마들의 존재를 부인했던 홉스는 어둠의 왕국이 '현세에서 사람들을 지배하기 위해 애매모호하고 잘못된 교설로 그들에게서 자연과 복음의 빛을 꺼버려 다가올 하나님의 왕국을 준비하지 못하게 만들려는 사기꾼들의 동맹'(44장)이라고 결론짓는다. 제3권에서는 거짓된 종교적 교의들을 폭로하려는 기획을 시작했고, 제4권에서도 계속해서 그 같은 교의들이 기독교적 믿음에 해악을 끼쳐 결국에는 오게 될 하나님 나라를 맞이하기 위한 사회적 준비를 방해한다고 주장한다. 종교는 자신의 권력을 지키려고 혈안이 된 사람들이 퍼뜨리는 잘못된 교의들로 넘쳐나기 때문에 바로 지금 어둠의 왕국이 존재한다는 것. 따라서 사람들이 행동을 바꿔야, 다시 말해, 홉스의 철학을 받아들여야 참된 기독교적 순명을 이룰 수 있다.

어둠의 왕국을 만드는 원인에는 1) 하나님의 왕국을 언급하는 성서를 곡해하기 때문에 생기는 오류들.(제3권에서 암시) 2) 하나님의 왕국이 현재의 교회이거나 지금 살아있는 기독교인들과 심판의 날에 부활할 자들의 집합이란 믿음. 3) 교황이 그리스도의 대리인이란 믿음. 4) 평신도들을 제치고 성직자들이 신의 의지에 대한 특권적인 지식을 보유하는 것으로 특별히 임명된다는 믿음. 이런 원인들로부터 사제의 주문이 정화나 세례에서처럼 영적 상태에서 변화를 일으킨다는 잘못된 믿음이 자라났다. 사실상 그 같은 주문은 단순한 말에 지나지 않고 마술적인 능력이나 신에게 행동하도록 만들 힘도 없기 때문에 영적인 상태와는 아무런 관련도 없다. 따라서 정화, 세례, 그리고 합법성 판단을 성직자에게 위임하는 결혼처럼 언어적으로 행해지는 절차들은 기독교 신앙을 상징하기는 해도 신을 나타나게 하지는 않는다. 신은 현존하지 않을 뿐만 아니라 인간 존재에게도 신에 대해 그러한 힘이 있을 수는 없다.

정령들, 악마들, 천사들 또는 영적인 귀신들림의 존재를 입증하려는 시도로 성서를 인용하는 사람들은 성서를 곡해하는 것이다. 따라서 사제들에게 구마 의식(驅魔儀式)을 집전할 권능이 있다는 것은 잘못된 생각이며, 성인 축성도 마찬가지다. 연옥과 지옥은 사람이 꾸며낸 것에 불과하고, 천국은 하나님 왕국의 도래와 함께 지상에 세워지며 영혼의 자연적인 영생불멸은 성서에서는 증명되지 않는다. 성서는 정령들이 몸이 없다고 가르치지 않으므로 그러한 믿음은 계시된 종교의 소산이라기보다는 '이교도의 종교들'에서 유래한 요소들의 잔재이고, 악마론, 몸을 벗어난 영들, 구마 의식, 우상 숭배, 시성식(諡聖式)*은 교회와 기독교 교의 안에 왜곡된 상태로 남아 있는 '이교도의 유물'이다.

그런 '유물들'이 계속 확고한 입지를 다져온 것은 그것들을 이해하거나 통제한다고 공언하는 사람들이 그것들로부터 개인적 이득을 많이 얻을 수 있기 때문이다. 홉스는 교회의 권위를 공격하면서 그들이 잘못된 교의를 포기하지 않는 것은 무지몽매한 자들에 대한 힘을 주기 때문이라고 단언하고, 역사의 사건들을 비난하는 데서 만족하지 않고 잘못된 교의와 잘못된 사실들을 설교하는 자들에게 그 사건들의 직접적인 책임이 있다고 덧붙인다. '어떤 사실을 통해 이득을 보는 자가 지은이로 여겨지기' 때문이다.(47장) 이렇듯 교회 당국은 이 세상에 현존하는 영적인 어둠의 왕국을 초래한 장본인이고, 비록 '할머니의 옛날이야기'(47장)에 불과하지만 사람들 마음속에 수많은 미신을 낳은 요정들의 허구적인 사회, 즉 왕국이다. 일단 거짓된 교의가 제

---

* **시성식**(canonization): 기독교의 여러 교회에서 죽은 사람을 공식적으로 '성인saint'이라고 선포하기 위해 따르는 절차와 과정.

거되면 기독교 국가는 그 자리에 리바이어던을 세워야 한다.

'그 어떤 잘못된 교의도 철학의 일부분이 아니다.' 신학자들, 대학에서 가르치는 아리스토텔레스의 학문(형이상학 · 윤리학 · 정치학), 스콜라 철학자*들의 야만적이고 애매한 용어, 그리고 교회는 공허한 철학의 '도깨비불'을 복음의 빛으로 곡해하게 만들어 적극적으로 진리를 파괴하는 일에 앞장서고 있다. 홉스는 갈릴레오의 처형을 비판하면서, "그러나 그렇게 해야 할 이유가 무엇인가? 그런 견해들이 참된 종교에 어긋나기 때문인가? 그것들이 참이라면 그래서는 안 된다"(46장)고 쓰고 있다. 철학적 진리가 종교적 진리여야지 그 반대여서는 안 되고, 홉스 식 철학만이 신의 자연법이 요구하는 시민적 평화를 이룰 수 있고 확고한 진리를 제공한다는 것.

홉스는 〈리바이어던〉의 결론에서 이전의 논거를 요약하고 실행에 옮겨지면 평화를 보장하게 될 철학의 본유적인 타당성을 재차 언급하면서, 그의 책이 당대의 정치적 풍토에 어떤 영향을 줄지는 알 수 없지만 어느 누구도 자신의 논거들을 대놓고 비난할 수는 없을 것이란 말로 끝을 맺는다. "왜냐하면, 어떤 사람의 이득이나 만족에도 반하지 않

---

* **스콜라 철학자**: 중세 때 기독교 신학을 합리화하기 위해 신의 존재 증명, 기독교 교리 등을 그리스의 철학적 방법에 따라 연구한 학자들.

는 그런 진리는 만인의 환영을 받기 때문이다."

어둠의 왕국이 하나님 왕국의 도래를 맞이하기 위한 준비를 가로막고 있다는 홉스의 암시는 당대의 천년왕국 담론들을 반영한다. 17세기 영국에서는 천년기가 급속도로 다가오면서 그리스도의 재림이 임박했고, 세기가 바뀔 무렵에 닥칠지 모를 재림을 맞이하기 위해 세상이 물리적으로 준비해야 한다고 믿었던 획일파*와 개간파 같은 집단들이 우후죽순처럼 돋아났다. 홉스 역시 리바이어던을 세우는 것이 재림을 맞이하기 위한 최상의 준비라고 암시하면서도 종말론자는 아니었기 때문에 이 같은 수사와 종말론적 글쓰기 장르를 이용한 것은 아마도 종말론자인 대다수 독자들에게 그의 계획이 시급하게 적용되어야 한다는 긴박성을 믿도록 만들려는 수단이었던 것 같다.

그러면서도 그는 하나님 왕국이 아직 도래하지 않았다고 단언함으로써 물질적 세계와 일상사에는 신이 없다고

---

* **획일파**(Levelers): 청교도 혁명 시기에 활동한 청교도 극단주의 종파. 정치적·경제적 완전 평등을 주장한 사람들을 조롱해서 붙여준 명칭. 그 한 갈래인 개간파(Diggers)는 황무지를 개간해서 공동 소유의 농토를 마련하여 정치적·경제적 평등을 실현하려고 했다.

주장하는 이전 진술들을 더욱 밀어붙인다. 신은 타고난 이성에 의해 인식될 수 있을 뿐이며 자연적이고 기적적인 사건들의 근본적 원인으로 인정될 수 있을 뿐 하나의 현전으로 경험될 수는 없기 때문에 신의 직접적 현전에 대한 믿음은 모두 우상 숭배라는 것. 따라서 성체성사(聖體聖事)의 성변화(聖變化)*를 믿는 것, 성인들을 숭배하는 것, (실제로는 신이 기적들의 원인일 뿐인데도) 기적들을 통해 신이 표명된다고 믿는 것, 그리고 천사들, 정령들, 악마들의 존재를 믿는 것은 우상 숭배다. 분명히 가톨릭교회의 교리에 반하는 홉스의 수사와 사례들은 개신교 국가인 영국에서는 수용되었겠지만, 하나님이 이 세상, 심지어는 아들인 그리스도 안에도 현전한 적이 없다는 함의를 포함해서 그의 논거가 내포하고 있는 논란의 소지가 큰 면들을 얼버무리기 위한 것일지도 모를 일이다. 홉스의 주장들은 가톨릭 교리뿐 아니라 당대의 개신교 교리에도 문제를 제기했던 것이다.

그러므로 자신의 명제들에 내포된 논란의 여지를 분명히 알고 있는 홉스가 마지막 행에서 어느 누구도 그의 철학에서 문제점을 발견할 수 없으리라고 주장하는 속셈은 반어적인 의미일 것이다. 논란 참여만이 사회를 바꾸고, 조국

---

* **성변화**(transubstantiation): 로마가톨릭교회의 미사의례의 핵심인 성체성사에서 사제가 축성하면 빵과 포도주가 그리스도의 살과 피로 바뀐다는 교리.

을 파괴하고 있다고 여겨지는 정치적·철학적인 폐단들을 끝장내는 유일한 방도라고 믿고 실제로는 의도적으로 분란을 초래했다는 것.

홉스는 자신의 국가에 리바이어던이란 이름을 붙이고 어떻게 그것이 기독교와 기독교적인 선과 공존할 수 있는지를 자세히 주장한다. 그러나 문화적으로는 오랫동안 리바이어던을 사탄과 욥기의 끔찍한 바다 괴물과 연관지었다.(존 밀턴이 〈실낙원 *Paradise Lost*〉에서 사탄을 리바이어던이라고 묘사하는 것은 이미 악명 높았던 홉스의 책에 대한 은근한 비판이었던 것 같다.) 홉스가 자체적으로 통념을 벗어났던 관념들을 제시하고 표현하기 위해 리바이어던이란 강력한 상징을 채택할 때 이미 그의 책은 비난받을 수밖에 없는 운명을 타고났지만, 청교도 혁명과 왕정복고 사이의 격동기를 염두에 두고 온전한 영국의 재건이란 구상을 성공시키려면 대립은 필연적이었을 것이다. 그러한 야심은 다른 사람의 감정을 상하게 할 수 있는데, 〈리바이어던〉은 독특한 방법, 문학적 산문, 치밀하게 전개되는 철학뿐만 아니라 바로 그 같은 시야의 웅대함으로 인해 위대한 고전으로 평가받는 것이다.

Review

다음 질문에 대해 간단히 서술하시오.(─부분은 참고만 할 것)

1. 홉스는 은유가 언어의 부적절한 남용이라고 자주 공격하면서도 자기 논거를 펼치기 위해 자연 상태나 리바이어던 같은 아주 강렬한 은유를 사용한다. 그가 은유적인 언어를 철학적으로 비난하는 글에서 그처럼 눈길을 끄는 은유들을 사용했던 이유는?

    ─ 이 문제를 놓고 수세기 동안 홉스 학자들은 골머리를 앓았다. 가장 설득력 있는 대답을 제시한 인물은 테네시 대학교 영문과 교수 로버트 E. 스틸먼이다. 홉스는 은유란 독자들로 하여금 개념들의 적절하고 엄격한 의미들을 놓치게 하는 언어의 부정확한 남용이라고 주장했기 때문에 자신의 글에서 은유의 의미를 통제할 수밖에 없었다. 어떤 은유의 정확한 의미를 명시적으로 정의하면 오해를 받는 풍조는 제거될 테니 자신이 사용하는 은유의 느슨한 의미를 통제함으로써 정확하고 과학적인 언어를 창조할 수 있었고, 언어의 다양성에도 불구하고 자제력을 자랑하려고 의도적으로 오해와 다양한 해석을 유발하기 쉬운 은유들을 선택했다는 것. 그가 '인류의 자연 상태'나 '리바이어던' 같은 용어의 진의를 철저히 설명하는 것은 은유를 덜 은유적으로 만들기 위한 것이지만 안타깝게도 그의 은유 통제 능력은 생각만큼 성공하지 못했다. 특히 그가 문명을 '리바이어던'이라고 부르기로 했던 결정에 대한 당대의 해석들이 그 증거다. 홉스는 아마

도 이 명칭을 통해 국가가 '교만의 자식들 그 누구도 저항할 수 없는 왕'이라고 암시하고 싶었을 테지만(책 표지에 인용된 욥기의 해당 구절 참고), 통상 리바이어던을 소름끼치는 바다 괴물이나 사탄으로 알고 있던 많은 독자들로 하여금 홉스를 악마라고 비난하고 '맘스베리의 괴물'로 부르게 만들었던 것. 어쨌든 자신의 강력한 은유의 야성을 통제하고자 했던 홉스의 야심은 독자의 반응과 문화기호학*의 힘에 밀려 좌절되었는지 모른다. 그러나 은유를 비난하는 책에서 은유를 사용키로 했던 결정은 여전히 그의 철학적 기획과 일치되는 것이었다.

* **문화기호학**(cultural semiotics): '문화'를 기호로 보고 해명하는 것에서 출발하여 여러 기호의 관계를 통해 문화와 인간을 설명하려고 하는 학문.

2. **동시대인들 가운데 홉스를 무신론자라고 비판하는 사람들이 많았다. 〈리바이어던〉의 어떤 요소들이 그 같은 비난의 원인이라고 생각하는가? 무신론은 홉스의 입장에 대한 정확한 평가인가? 그 평가를 긍정하거나 부정한다면, 그 이유는?**

— 홉스는 정령의 개념을 부인하고, 교회의 권위를 배격했으며, 성서에 대한 표준적인 해석에 거세게 도전했고, 심지어 통치권자가 요구하면 신민은 예수 그리스도의 존재를 부정해야 한다고까지 암시했다. 무신론—17세기에는 심각하고 극단적인 비난—은 홉스 식 사유를 일컫는 편리한 부호(符號)였지만 홉스의 글이 지지하는 철학은 아니다. 〈리바이어던〉을 면밀하게 읽어보면 홉스는 결코 무신론자가 아니었으며, 비록 예수가 그리스도라는 신앙 진술 외에는 모든 기독교 교리를 무시하지만 기독교도였던 것은 분명하다. 나아가 홉스의 비정통적인 관념들에도 불구하고 전체적인 철학은 원초적인 신의 창조에 대한 믿음을 토대로 한다. 〈리바이어던〉의 논거는 물질의 운동에 관한 단순한 입장들에서 비롯

된 점진적 연역이지만, 홉스는 원동자 관념을 토대로 자신의 명제들을 이끌어낸다. 홉스에게 이 원동자는 기독교의 하나님이었다. 그러나 이 책은 기독교 자체를 철학적으로 필요로 하지 않았고, 특히 17세기 영국에서는 기독교의 진리를 입증하지 못하면 흔히 무신론이나 마찬가지로 여겨졌다는 점을 감안할 경우, 이러한 필연성의 결여는 당대인들에게 무신론이란 인상을 더욱 강하게 심어주었을 테지만 홉스 사상의 유물론이 우주를 운행하게 만드는 신을 바탕으로 삼기 때문에 엄격한 의미에서는 무신론자라고 부를 수 없다.

3.   홉스는 신약(信約), 즉 사회계약을 자연 상태를 벗어나기로 선택한 자연인들로 이루어진 다중 사이의 '진정한 통일체'라고 묘사하면서도, 이 '다중은 자연적으로 하나가 아니라 다수이며, 한 사람으로 이해하면 안 된다'고 말한다. 다중이 하나의 통일체가 아니라면, 신약이 하나의 '진정한 통일체'란 주장을 어떻게 이해해야 할까?

— 홉스에 의하면, "다중이 한 사람이나 하나의 인격체에 의해 대표되면 그 다중은 하나의 인격체가 되는데… 그 이유는 대표자의 통일이 아니라 대표되는 사람들의 통일이 인격체인 일자를 이루기 때문이다". 비록 자연인들이 모인 다중이 하나의 통일체는 아니라고 할지라도, 자연인들은 그들의 통일체를 대변하는 리바이어던이라는 신약을 창조하고, 리바이어던은 '인공적인 사람,' 인공적인 '인격체' 또는 '대표자'다. 한 자연인의 몸을 모방하거나 대표할 뿐 아니라 자연인들의 다수 의지를 대리하기 때문. 리바이어던의 몸은 다중의 몸으로 이루어지는데, 덩치가 작은 몸들은 물질의 작은 조각들(자연인의 몸을 구성하는 물질의 작은 조각들과 유사)로서 운동을 통해 리바이어던의 몸이 기능하게 만든다. 따라서 각각의 자연인, 각각의 자연적인 몸은 별개이고 하나로 합쳐져 다중, 즉 모든 자연인을 의미하는 커다란 인공적인

몸을 이룰 수 없으며, 말 그대로 개별적인 몸들의 총화인 통일체를 구현한다. 리바이어던은 다중을 대표하는 하나의 통일체인 것.

4. 〈리바이어던〉에서 나타나는 두려움의 역할을 분석하라. 특히 리바이어던 아래서 살아가는 사람들 사이에서 나타나는 두려움의 기능과 비교하여 자연 상태의 사람들 속에서 나타나는 두려움의 기능에 초점을 맞출 것. 이 두 환경 속에서 두려움에 대해 같은 점은 무엇인가? 다른 점은?

5. 홉스가 교황들, 사제들, 목사들, 성직자들, 수도사들, 직업적인 신학자들을 포함한 모든 교회의 권위를 리바이어던에서 제거하는 이유는?

6. 홉스가 궁극적으로 통치권자의 권위와 판단을 바탕으로 하는 자신의 철학이 자연의 관찰에 토대를 두는 여느 철학보다 더 확고하며 더 오래도록 평화를 유지할 수 있다고 믿는 이유는?

7. 두려움과 이성은 자연인으로 하여금 자연 상태를 벗어나게 해주는 두 가지 타고난 소양이다. 홉스는 두려움이란 상해와 죽음을 혐오하는 것에 불과하다면서 욕구와 혐오에 입각해 두려움의 기원들을 설명한다. 그렇다면, 자연인이 지닌 이성의 근원들은 어떻게 설명하는가?

8. 홉스는 '어둠의 왕국'이란 말을 어떤 뜻으로 사용하는가?

9. 홉스는 리바이어던이 평화와 행복을 보장하는 완벽한 사회라고 믿는다. 이런 의미에서 리바이어던은 유토피아적 문명이지만, 현격하게 파시스트적이고 전체주의적이다. 홉스의 유토피아 관념들을 그가 옹호하는 전체주의적 방법들과 조화시킬 수 있는가? 홉스의 리바이어던은 우리에게 살고 싶은 마음이 생기게 하는 곳인가?

10. 홉스는 로버트 보일과 보일이 발명한 공기 펌프와 공기 펌프 안에서 일어난다고 여겨지던 진공 상태 속의 자연적인 현상들에 대한 연구를 놓고 글을 통해 유명한 논쟁을 벌였다. 홉스의 철학에 대해 알고 있는 내용을 바탕으로 홉스가 보일의 공기 펌프가 확실한 결론들이나 유용한 지식을 낳지 않았다는 주장을 펼칠 것이라고 생각하는 이유를 써라.(적어도 두 가지 이유를 제시할 것.)

다음 질문에 알맞은 답을 고르시오.

1. 인간의 타고난 소양들 가운데 자연 상태를 벗어나고 싶게 만드는 것은?

    A. 굶주림

    B. 철학

    C. 두려움

    D. 탐욕

2. 인간의 타고난 소양들 가운데 자연 상태를 벗어나는 방법을 발견하게 해주는 것은?

    A. 두려움

    B. 사랑

    C. 이타심

    D. 이성

3. 홉스는 학문을 무엇이라고 생각하는가?

    A. 자연지를 구성할 사실들의 수집

    B. 철학적 추론을 통한 귀결들에 대한 지식

    C. 자연 현상들에 대한 실험적인 연구

    D. 기술과 공학

4. 홉스의 논거에서 '선'과 '악'을 결정하는 것은?

    A. 신과 악마

    B. 의욕과 혐오

    C. 자연 철학

    D. 윤리 철학

5. 홉스에게 모든 철학적 지식은 반드시 제1원리들 또는 공유된 정의들에서 비롯되어야 한다. 이러한 제1원리들은 어떻게 확립되는가?

   A. 통치권자에 의해 선포된다.

   B. 자연을 연구함으로써 발견된다.

   C. 성서에 제시되어 있다.

   D. 제1원리들은 우연적이기 때문에 결코 합의에 의해 나올 수 없다. 그러므로 〈리바이어던〉에서 홉스가 전개하는 논거는 그의 정치적 관념들을 동의하는 사람에게만 타당하다.

6. 홉스가 자연에 대한 관찰이 철학의 토대로는 적절하지 않다고 생각하는 이유는?

   A. 자연은 사회나 정치에 대해서는 아무것도 알려주지 않기 때문

   B. 개인적인 이유로 왕립학회에서 축출되었기 때문에 왕립학회의 이론들과 자신의 이론들을 구별하기 위해 왕립학회의 철학적 영역이었던 자연적 지식을 배격한 것

   C. 자연은 거룩하며 인간적인 목적들을 위해 착취되어서는 안 된다는 것

   D. 감각은 일정하지 않으며 자연의 지각은 관찰자마다 다르다는 것

7. 리바이어던이 '인공적'이라고 불리는 이유는?

   A. 자연스럽지 않기 때문

   B. 사람들이 만든 것이기 때문

   C. 상상의 문명에 불과하기 때문

   D. 자연적이지 않은데다가 사람들이 만든 것이기 때문

8. '리바이어던'이란 이름이 맨 먼저 등장하는 책은?

   A. 홉스의 〈리바이어던〉

   B. 성경의 욥기

   C. 존 밀턴의 〈실낙원〉

   D. 호머의 〈일리아드〉

9. 홉스의 철학에서 물질은 어떻게 움직이는가?

   A. 스스로 움직인다.

   B. 정신에 의해 활동하게 된다.

   C. 다른 물질이 부딪힐 때만 움직인다.

   D. 신에 의해 직접 조종된다.

10. 자연 상태에서 자연인 두 사람이 같은 것을 바랄 때 싸울 수밖에 없는 이유는?

   A. 모두 평등하게 태어났기 때문

   B. 이타심을 발휘하면 서로 이용당할 것이기 때문

   C. 자원이 부족하기 때문

   D. 전부

11. 홉스가 자연 상태에서는 만인이 평등하다고 주장하는 이유는?

   A. 가장 약한 사람이라도 모종의 수단으로 가장 강한 사람을 죽일 수 있기 때문

   B. 모두가 신에 의해 평등하게 창조되었기 때문

   C. 각 개인이 다른 모든 사람에게 자신의 권리들을 포기하는 사회 계약 때문

   D. 모든 사람에게 똑같은 의욕들과 혐오들이 있기 때문

12. 통치권자가 신민을 죽이는 것이 정당화되는 이유는?

   A. 힘이 정의이기 때문

   B. 그 신민이 직접 통치권자에게 절대적인 권력을 주었기 때문

   C. 리바이어던의 안녕은 어떤 대가를 치르더라도 보호되어야 하기 때문

   D. 통치권자는 공적으로 반포된 성문법에 정해진 조건들에 따라서만 신민을 죽일 수 있기 때문

13. 신민들이 통치권자에게 정당하게 반역할 수 있는 경우는?

    A. 통치권자가 국민에게 범죄를 저질렀을 때

    B. 통치권자가 더 이상 인기가 없어 새로운 지도자를 선출하고 싶을 때

    C. 통치권자가 국민 대다수가 지지하지 않는 정치적 결정을 내렸을 때

    D. 어떤 경우에도 반역할 수 없다.

14. 사람의 타고난 소양들 가운데 문명인이 사회계약을 깨지 못하게 만드는 것은?

    A. 이성

    B. 두려움

    C. 이타심

    D. 탐욕

15. 홉스가 내란의 경우처럼 신민이 통치권자나 사회적인 신약에 대해 벌이는 반역의 직접적인 결과라고 보는 것은?

    A. 새로운 정부의 수립

    B. 자연 상태로 되돌아감

    C. 통치권자가 반역자들을 처벌하고 리바이어던에 평화가 회복된다.

    D. 홉스가 제시하는 규칙들에 따라 수립되지 않은 정부들에서만 내란이 일어난다.

16. 홉스가 자연 상태의 삶의 조건들에 가깝다고 믿은 것은?

    A. 정신병원

    B. 감옥

    C. 미국 원주민 사회

    D. 스페인 무적함대

17 '근본적인 자연법'은?

A. 자연은 진공 상태를 혐오한다.

B. 사람들은 평화를 추구한다.

C. 만인에 대한 만인의 투쟁

D. 피타고라스 정리

18. 홉스가 자신의 말을 하는 지은이와 같다고 본 것은?

A. 자연적 인격체

B. 인공적 인격체

C. 통치권자

D. 리바이어던

19. 리바이어던의 최우선 목적은?

A. 다른 문명들의 정복

B. 경제와 재화의 생산 확립

C. 평화 보장

D. 법을 어긴 신민들의 처벌

20. 홉스가 자연 상태에서는 가족의 권력이 어머니에게 있다고 주장하는 이유는?

A. 법이 없으면 어머니만이 자식의 아버지가 누구인지 알기 때문

B. 아마존 여인국이 보여주듯 자연 상태에서는 여성이 남성보다 신체적으로 더 강하기 때문

C. 아버지 쪽의 성이 자연 상태를 벗어난 다음에 생겼고, 따라서 아버지의 이름은 원초적인 상태에서 살 때는 아무런 힘이 없었기 때문

D. 자연 상태에서는 사냥이나 전투 같은 위험한 생활양식으로 인해 여자들의 숫자가 남자보다 더 많아졌고, 따라서 여자들에게 배우자 선택의 폭이 더 넓은 나머지 지나치게 간섭하려는 남편을 바꾸겠다고 위협할 수 있었기 때문

21. **홉스에 의하면, 통치권적 몸이 될 수 있는 것은?**

A. 왕(군주정치)

B. 행정가 집단(귀족정치)

C. 소집에 응할 의향이 있는 모든 사람의 집단(민주정치)

D. 전부

22. **홉스에 의하면, 자연법들은 어떻게 생기는가?**

A. 경전을 연구함으로써 발견하게 된다.

B. 자연적인 사실들을 관찰하여 연역하게 된다.

C. 이성을 통해 일반적인 결론들로서 연역하게 된다.

D. 과학적인 실험을 통해 발견하게 된다.

23. **홉스가 자연법을 몰랐다고 해서 법을 어긴 신민의 죄가 면죄되지 않는다고 주장하는 이유는?**

A. 만인이 적절한 철학적인 방법을 통해 스스로 자연법들을 연역해낼 수 있기 때문

B. 통치권자가 평화를 지키려면 모든 범법자들을 처벌해야 하기 때문

C. 무지는 위험한 속성이므로 리바이어던에서는 근절되어야 하기 때문

D. 모든 신민이 홉스의 책을 읽을 능력이 있고, 따라서 홉스가 발견하여 적어놓은 자연법들을 알아야 하기 때문

24. **홉스에 따르면, 천사들과 악마들은**

A. 자연적인 의욕들과 혐오들이 생기는 근원적인 이유들이다.

B. 뇌가 만들어낸 우상들이다.

C. 우주에서 최초로 일어난 물질의 운동들에 의해 만들어졌다.

D. 좋거나 나쁜 결과들로 이어지는 물질의 보이지 않는 움직임들을 나타내는 은유들이다.

25.   신민들이 복종하지 않을 권리가 있는 통치권자의 명령은?

A. 살인 명령

B. 범죄자 처형 명령

C. 방어력이 없는 적과 전쟁을 벌이라는 명령

D. 예수는 그리스도가 아니며 기독교가 거짓된 종교라고 고백하라
   는 명령

一以貫之 논술노트

〈리바이어던〉과 우리 시대의 공론장　O

실전 연습문제　O

一以貫之는 '논어'에 나오는 말로 '모든 것을 하나의 이치로 꿴다'는 뜻입니다.

논술의 주제와 문제 유형, 제시문들은 참으로 다양하고 가지각색입니다. 그러나 그 모든 것을 하나로 꿸 수 있습니다. '인간사회의 보편적 문제들에 대한 근원적인 물음에 답하는 자기 나름의 견해'라는 것이지요. 논술은 인간이면 누구나 부닥치는 개인적 또는 사회적 문제들에 대한 자기 나름의 고민이자 성찰입니다. 논술은 자기견해, 자기 가치관, 자기 삶에 대한 솔직한 고백입니다.

一以貫之 논술연구모임은 '자신의 물음'과 '자신의 생각'을 갖고 '자신의 글'을 쓸 수 있도록 도와줍니다.

〈집필진〉
채진원, 김재년, 이호곤, 우한기, 박규현, 김법성, 김병학, 도승활, 백일, 우효기, 조형진

〈리바이어던〉과 우리 시대의 공론장

1. 괴물에 대한 수많은 오해와 질문

봉준호 감독이 영화 "괴물"을 만들어 대중들의 사랑을 받은 것과는 대조적으로 17세기 영국의 정치사상가 토머스 홉스는 자신의 근대 민주주의적 국민통치권 사상을 집약한 책제목으로 구약 성서 욥기에 나오는 거대한 환상의 괴물 '리바이어던'을 사용함으로써 자신의 진보적 사상과는 무관하게 당대뿐만 아니라 현재까지도 손해를 톡톡히 보고 있는 것으로 유명하다.

인간은 본래 '자연 상태'에서는 아무것도 제한할 수 없고 개인의 힘만이 권리지만, 모두가 자기 이익만을 끝까지 추구하기 때문에 '만인에 대한 만인의 투쟁' 상태이고, '사람은 사람에 대하여 늑대'이기 때문에 자기보존의 보증마저 없다. 따라서 각자의 이익을 위해 계약으로써 국가를 만들어 '자연권(自然權)'을 제한하고, 국가를 대표하는 의지에 그것을 양도하여 복종한다는 홉스의 생각은 소위 성악

설에 근거한 사회계약론인데, 전제군주제나 독재 또는 국가에 대한 개인의 복종을 합리화하고 정당화한 것으로 오해를 받았다.

그 같은 오해는 지금도 일반적이다. 가령, 인터넷 포털 naver에서 홉스를 검색해도 "홉스는 〈리바이어던 *Leviathan*〉(1651)에서 전제군주제를 이상적인 국가 형태라고 생각하였다"고 설명하고 있다. 또 "괴물"이 한창 상영중일 때 한국일보 모 기자는 '누가 괴물인가'라는 칼럼에서 "정부가 괴물이란 착상은 새로운 것이 아니다. '만인에 대한 만인의 투쟁'이란 말로 유명한 17세기 영국의 정치사상가 토머스 홉스는 저서 〈리바이어던〉에서 국가를 괴물에 비유했다"고 하면서, 괴물에게 잡혀간 딸을 구하기는커녕 오히려 신고한 가족을 감금하는 무책임한 '정부'를 진짜 괴물로 평하고 있듯, 리바이어던을 부정적으로 묘사한다. 아울러 연세대에서 출간된 〈연세필독도서〉에서는 "국가에 대한 개인의 절대적 복종을 강조한 홉스는 전제군주제를 이상으로 여기고 있는 만큼, 사회 질서의 주창자라는 긍정적 평가와 함께 독재 정권의 옹호자라는 비판을 동시에 받기도 한다"고 설명하고 있다.

홉스를 오해하는 사람들은 리바이어던이 흔히 성경에 나오는 무시무시한 힘을 가진 괴물이고 절대 권력과 권위를 가진 절대 군주를 지칭한다고 묘사하지만, 정작 홉스는 그 같은 괴물의 이미지와는 정반대로 절대적인 신, 현실의 지배자인 왕과 귀족의 속박으로부터 벗어나 자유롭고 평등하게 살고픈 당시 민중의 열망처럼 새로운 근대 민주국가를 생각했다고 할 수 있다.

왜냐하면, 리바이어던의 창출 과정이 근대적인 개인들에 의해 계약과 합의라는 근대적인 방식으로 이루어지고 있기 때문이다. 즉 통치자와 백성들 사이의 불평등하고 불공정하며 평화스럽지 않은 계약이 아니라 무정부적인 자연 상태의 공포와 절망으로부터 벗어나고픈 욕망을 가진 평등하고 자유로운 개인들이 근대 이전의 형이상학적 · 신적 또는 전통적 · 역사적으로 정당화된 전근대적 질서를 거부하고 필요에 따라 직접 나서서 공동의 국가 권력(리바이어던)을 형성키로 약속하고, 그 공동 권력의 절대적 권위에 복종하기로 사회적 합의를 이룬 것이기 때문이다.

그렇다면, 어째서 〈리바이어던〉이 본래의 뜻과는 달리 부정적인 이미지로 오해를 받아왔을까? 가장 큰 이유라면, 국내에 소개된 시점이 대략 폭압적인 박정희 시대여서 우파 지식인들에 의해서는 독재 국가의 옹호자로 해석되고, 좌파 지식인과 반독재 · 반국가주의 세력에게는 당시의 '폭압적인 국가'와 홉스의 '국가 존립에 대한 강조'가 구별되지 못하고 같은 것으로 여겨졌다는 점이다.

어쨌든 1987년 민주화운동 이후 우리 사회에서 독재

정권이 물러가고 국민통치권이 괄목할 만큼 신장된 요즘, 왜 〈리바이어던〉을 다시 읽어야 할까? 아마도 '인간은 인간에 대해 늑대'이고, '만인에 대한 만인의 투쟁' 상태라는 홉스의 말이 오늘날의 갈등과 정쟁의 고통을 집약해 주고 있기 때문일 것이다. 게다가 남북분단에 따른 한반도 갈등과 주변 동북아시아 국가 간의 군사적 긴장도 한몫을 하고 있다. 따라서 우리 시대의 과제인 갈등과 정쟁을 치유하고 국민을 통합하는 리바이어던은 무엇이며 어떻게 가능할지를 탐색해 보는 일은 매우 의미 있는 작업이다.

2. 1651년 〈리바이어던〉 초판 표지 그림에 대한 설명

책 표지 그림을 살펴보면, 리바이어던이 무엇을 상징하는지 엿볼 수 있다. 그림은 크게 상하, 그리고 아래는 다시 세로로 세 부분이 나뉘어져 있다. 세 부분의 가운데를 제외한 양쪽은 각각 다섯 칸으로 구분되면서 물리적 권력과 정신적 권력을 가리키는 상징물들이 마주하고 있다. 칼, 총, 대포로 상징되는 물리적 지배 권력을 묘사하는 좌측은 맨 위에서부터 내리 연기를 피워 보호막을 친 요새, 왕관과 대포, 깃발·화승총·대검·북, 그리고 기병과 보병 사이의 치열한 전투장면이 그려져 있다.

가톨릭교회를 상징하는 정신적 지배 권력인 우측 역시 맨 위에서부터 내리 교회, 주교의 모자, 교황에 의한 파문을 상징하는 그림, 스콜라 철학에서 말하는 공격과 방어논리를 상징하는 포크 모양의 삼지창, 그리고 가톨릭 공회의 모습이 그려져 있으며, 좌우측 사이의 중간에는 Leviathan or The Matter, Forme, and Power of A Common Wealth Ecclesiastical and Civil. By Thomas Hobbes of Malmesbury. London. Printed for Andrew Crooke 1651 이라고 표기되어 있다.

또한 물리적 권력과 정신적 권력을 상징하는 하단 부분 위에는 물리적 전쟁과 정신적 분쟁을 모두 규제하는 절대 권력의 상징 리바이어던이 인간 형상의 괴물로 표현되어 있는데, 머리에는 왕관을 쓰고, 지상의 물리적 전쟁을 나타내는 영역 위에서는 지상의 권력을 상징하는 대검을 들고, 정신적 권력의 영역을 나타내는 가톨릭교회의 영역 위에서는 주교의 지팡이를 들고 있다.

거대한 괴물의 몸체를 구성하는 수많은 사람들은 비늘 갑옷처럼 괴물을 보호할 뿐만 아니라 괴물의 몸 자체이며, 괴물의 의지에 따라 아무런 저항 없이 지배된다. 앞에는 커다란 교회가 있는 도시, 중간에는 작은 마을과 성들로 채워진 시골 풍경, 뒤에는 무역선이 오가는 바다이고, 그들 전체에는 평화를 상징하는 리바이어던의 그림자가 드리워져 있다. 표지의 맨 위에는 "국가 권력과 비교될 수 있는 폭력은 지상에는 없다"는 성서 욥기의 구절이 적혀 있다.

3. 격변의 시대를 살았던 홉스 ─ 국가는 개인의 생명을 지켜야 한다

홉스가 살았던 절대 군주시대의 영국에서는 1640년부터 1660년까지 중대한 정치적 격변인 '청교도 혁명'과 '왕정복고'가 있었다. 20년간 피비린내 나는 내전을 동반했던 청교도 혁명은 왕과 시민, 왕당파와 의회파, 공회와 청교도, 귀족과 부르주아지, 부르주아지와 민중, 왕권신수설과 국민통치권 사이에 수많은 갈등을 폭발시키면서 마침내 절대 왕권을 무너뜨리고 공화정과 입헌적 의회정치를 수립했다. 〈리바이어던〉은 한창 나라가 요동치던 1651년에 출간되었고, 홉스의 말처럼 '그 격변기를 상처받지 않고 통과하기란 극히 어려웠을 것'이다.

그의 파란만장한 인생은 1640년 정치학에 관한 처녀작 〈법학 강요 *The Elements of Law, Nature and Politics*〉에서도 그대로 드러난다. 그는 국왕과 의회의 대립이 격화되면서 내란 위기가 닥치자 평화와 안전이라는 국가적 목적을 달성하고자 절대 군주제가 필요하다고 역설했으나 국왕보다 의회편이 우세해지는 기미를 보이고 왕당파들이 대역죄로 탄핵을 받게 되자 신분의 위협을 느낀 나머지 재빨리 파리로 망명했고, 그곳에서 〈리바이어던〉을 집필하기 시작했다. 그 후 런던에서 출간된 〈리바이어던〉은 〈법학강요〉와는 정반대로 왕당파로부터 불충과 신성 모독이란 이유로 신랄한 비판을 받았으며, 1660년 왕정이 부활하자 교회와 왕당파에게 이단자로 몰려 화형 위기에 처하기도 했다.

20년간의 전쟁, 피의 숙청, 혼란, 급속한 변화를 경험하면서 홉스는 과연 무엇을 소중하게 생각하며 추구했을까? 그는 역사의 격랑 속에서 의회파와 왕당파 어느 쪽에서도 환영받지 못한 채 생명의 위협과 죽음의 공포를 느끼고 자기보존에 대해 고민하면서 바람직한 국가상을 모색했다.

그 결과, 청교도 혁명으로 생긴 공화정과 의회는 부르주아 이익의 대표기관이고, 의회의 승리도 결국은 왕으로부터 부르주아지로의 '권력 교체'에 불과하다고 보았던 홉스는 국가에 대한 국민의 근본적인 정치의식이 전환되어야 한다는 판단 하에 〈리바이어던〉을 쓰게 되었다. 정치의식의 전환은 국가란 무엇이며 국가의 권위와 지배의 정당성이 어디로부터 오는지를 해명하는 작업이었고, 그 과정에서 절대 군주제나 공화제 등 국가 형태보다는 국민 누구나가 동의하고 복종할 수 있도록 '국가 권력의 정당성'이 절대성을 가져야 한다는 생각을 하게 되었다. 국가의 목적은 개인의 생명과 안전을 지키는 것이고, 개인이 생명을 위협받는 경우에는 국가에 복종하지 않아도 된다는 새로운 관점으로서, 죽음의 공포로부터 벗어나 안전한 생활을 보장해 주는 국가의 발생을 '사회계약설'로 설명하는 것. 이처럼 홉스는 전근대적인 시대에 국가 권력의 정당성과 권위를 초월적인 '이데아'나 '신'의 이름이 아니라 개인 간의 사회적 계약과 합의로부터 이끌어내면서 비합리적인 지배는 배제되어야 한다는 점을 주장했다는 의미에서 '국가 권력의 정당성'을 국민 통치권으로 설명한 최초의 근대 사상가라고 볼 수 있다. 또한 국가 권력은 '폭력'이 아니라 '정당한 권위'에 의해 행사되어야 하고, 따라서 권력 운영은 모든 구성원의 이익과 깊이 관련되어야 한다는 점에서 근대 민주주의 국가론의 원형이라고도 할 수 있다. 특히, 국가의 형성과 국민의 의무에 대한 정당성 문제를 추상적 이념이나 도덕적 규범에서 이끌어내지 않고 현실적인 인간 본성에 대한 묘사와 분석을 통해 해명하려고 했다는 점에서는 '근대적인 연구방법론'을 사용한 것이었다. 이상의 논의를 정리해 보면, 국민은 생명과 안전을 확보하기 위해 자신들의 권리를 양도하기로 사회계약을 맺었으므로 권리를 위임받은 국가 권력은 절대적인 권위를 가져야 하고, 국민은 절대적으로 복종해야 한다.

4. 자연 상태, '인간은 인간에 대하여 늑대'이자 '만인에 대한 만인의 투쟁' 상태

"그러므로 인간의 본성에서 우리는 세 가지 주요한 분쟁의 원인을 발견한다. 첫째는 경쟁이고, 둘째는 자신 없음이며, 셋째는 명예이다. 첫째는 인간으로 하여금 목표물을 얻기 위하여 침략을 만들며, 둘째는 안전을 위하여, 셋째는 명성을 위하여 그렇게 만드는 것이다."(제1권 13장)

"인간이 그들 모두를 두렵게 하는 공통의 힘이 없이 사는 때에는 그들은 전쟁이라고 불리는 상태에 있으며, 그러한 전쟁은 만인에 대한 만인의 전쟁인 것이다."(제1권 13장)

"자연권(jus naturale; right of nature)은 모든 사람이 그 자신의 본성, 즉 그 자신의 생명의 보존을 위해 스스로 원하는 대로 그 자신의 힘을 사용하기 위해 갖는 자유이다. 따라서 그 자신의 판단과 이성 안에서 가장 적합한 수단이라고 생각하는 어떤 일을 행하는 자유이다."(제1권 14장)

홉스는 사회나 국가가 존재하지 않는 상태, 즉 외부의 규제나 통제가 없는 자연 상태에서 인간의 본성이 어떻게 움직이는지를 분석하는 데 역점을 두었다. 그 의도는 자연 상태에서의 필연적 현상인 죽음의 공포를 현저히 부각시켜 자연 상태로부터 벗어나야 할 필요성을 강조함으로써 그 결과로 인해 나타날 국가의 기능과 국가가 타개해야 할 자연 상태의 바람직스럽지 못한 조건이나 특징은 무엇인지를 규명하려는 것이다. 따라서 자연 상태의 역사적 사실 여부는 거의 관심 대상이 아니고 어디까지나 논리적 가설에 불과하지만, 동시에 공통 권력이 존재하지 않는 상태에서 인간들이 항상 전락할 가능성이 잠재하는 경험적 사실을 나타내기 위한 것이기도 하다.

홉스는 인간을 경쟁, 의심, 권력욕에 의해 작동하는 자동기계로 환원함으로써 덕성의 항목들을 해체했고, 그 결과 '만인에 대한 만인의 투쟁'이라는 인간 본연의 자연 상태를 만들어낸다. 그리고는 해체된 결과물을 재합성함으로써 전쟁 상태를 종식시키는 '평화의 기계'를 고안하고자 한다. 지배에 대한 정당화 논변은, 국가란 자기보존을 지향하는 합리적 개인이라면 누구나 동의할 수밖에 없는 필요악이며 전쟁 억지를 위해 모든 종류의 정의와 불의에 대한 해석을 독점해야 한다는 형태로 제시된다.

인간의 본성이 선하다는 생각을 부정하고 모든 사람이 이기적으로 행동한다고 보았던 홉스는 인간이 자신의 이익을 챙기기 위해 어떤 짓도 마다하지 않는 상태를 '자연 상태'로 규정했다. 그 상태에서는 모든 사람이 적대자요 타도의 대상이 될 수 있다. 만약, 인간들이 아무런 제한이나 통제가 없는 자연 상태에 있다면, '자기보존 본능'으로 인해 저마다 끝없이 자신의 힘(이익)만을 추구할 것이므로 '인간은 인간에 대하여 늑대'이며 '만인에 대한 만인의 투쟁'이 일어난다는 것. 그렇게 되면, 어느 누구도 자신의 생명을 보장받을 길이 없고 '자기보존 본능' 자체가 위협받게 되는데, 타인의 권리를 부당하게 침해하지 않겠다는 계약을 함으로써 자신의 권리가 전면 부정되는 최악의 사태는 피할 수 있게 된다.

공동체 구성원은 이 계약을 어겨서는 안 되며 필요하다면 강제로라도 이행시켜야 하는데, 이때 그 강제력의 역할을 하는 것이 바로 국가다. 따라서 국가는 계약 위에 서서 국민들을 제한하고 구속하기 위해 마치 거인이나 리바이어던 같은 강력한 힘을 가져야 한다.

5. 〈리바이어던〉, 전쟁 상태에서 벗어나 평화를 모색하는 길

"모든 사람은 스스로 그것을 획득하려는 희망을 가지는 한, 평화를 얻기 위해 노력해야만 한다. 그리고 그것을 획득할 수 없을 때에는 전쟁의 모든 도움과 이익을 추구하고 사용할 수 있다."
(제1권 14장)

"자연법이란 이성에 의해서 발견된 계율 또는 일반적 법칙
이다. 그것에 의하여 인간은 그의 생명에 대하여 파괴적이거나 생
명을 보존하는 수단을 빼앗아 가는 짓을 하는 것과, 생명이 가장
잘 보존될 수 있을 것이라고 생각하는 것을 회피하는 것이 금지
된다."(제1권 14장)

"인간을 외적의 침입과 상호간 상해로부터 방어할 수 있는
국가를 수립하는 유일한 방법은 그들 모두의 권력과 힘을 하나의
인물 또는 집단의 인간들에게 부여해서 그들 모두의 의사를 다수
의 소리에 의해 단일 의사로 만드는 것이다. 그리고 그로 인해 인
간은 그들 자신의 노력과 대지의 열매에 의해 그들 자신을 자라
게 하고 만족스럽게 살 수 있도록 보장받게 된다."(제1권 17장)

혁명과 전쟁의 시대를 살았던 홉스는 국가 성립 이전
상황을 '자연 상태'라고 보고, 그 조건에서 인간은 서로에
게 늑대이자 적이며, 법이 존재하지 않기 때문에 스스로 자
기를 지켜야 하고, 갈등과 분쟁을 해결해 줄 법정도 없기
때문에 투쟁의 길밖에는 없다고 생각했다. 이처럼 전쟁이
나 마찬가지인 살벌한 자연 상태에서 벗어나 평화로운 삶
을 영위하는 길은 강력한 국가를 갖는 것뿐이다.

홉스가 지적한 '자연 상태'는 오늘날 국제 관계의 무정
부적 성격과 '안보 딜레마'(security dilemma) 이론에서 더

욱 구체화되고 있다. 국제 관계가 '만인에 대한 만인의 투쟁'으로 요약되는 무정부적 상태라고 가정한다면, 상대국에 대한 불안전한 정보로 인해 공포와 위협을 느끼는 개별 국가들은 어쩔 수 없이 생존과 안전을 위해 '순수한 방어용 안보' 또는 '견제·균형용 안보'로 대응할 수밖에 없다는 것이다.

그러나 '순수한 방어용 안보' 또는 '견제·균형용 안보'의 명분으로 진행시킨 군비 증강이나 동맹 강화가 그 의도와는 무관하게 주변 국가와 이해 당사국에서는 방어용이 아닌 자국의 안보를 위협하는 '공격용'으로 인식하게 되면서 일종의 도미노 현상처럼 또다시 안보 불안을 억제하고 견제와 균형을 이루기 위해 군비 증강이나 동맹 강화를 추진하게 된다.

이렇게 순환하다보면, 안보 불안에서 벗어나기 위해 추진했던 군비 증강이 주변국들에게 공격용으로 '인식'되어 부메랑처럼 더 큰 위협으로 다가옴으로써 방어용 안보는 실패하고 개별 국가들은 안보 불안에서 탈출할 수 없는 딜레마에 빠지게 된다.

따라서 이러한 딜레마에서 탈출하려면 군비 증강보다는 자유로운 개인들이 계약과 합의를 통해 리바이어던을 창출했듯 전쟁을 방지하고 평화를 바라는 정치·경제·사회·문화 등 모든 분야의 행위자들이 UN(국제연합) 같은 국제협약이나 군비 축소 등의 협약을 맺어 적대적 행위와

무기 증강을 규제하는 세계 정부의 형성을 위해 노력하는
편이 효과적이다.

6. 우리 시대의 리바이어던: 세계 평화와 사회 통합의 공론장

홉스가 '괴물'(리바이어던)이라고 불렀던 근대 국가는
16-18세기 서유럽의 봉건제가 절대주의로 이행하는 과정
에서 실제로 나타났다. 절대 왕정을 무너뜨린 프랑스 혁명
을 시작으로 전 유럽을 휩쓴 부르주아 시민혁명에 의해 절
대주의 국가가 국민국가로 이행하면서 '짐이 곧 국가'라고
까지 했던 군주의 절대 권력이 국민주권으로 전환된 것.

홉스는 낡은 정치적 권위와 권력이 무너져가던 영국에
새로운 권위와 권력의 토대를 마련하고자 했다. 왕과 귀족,
새로 등장한 부르주아 계급 등 사회 세력들 간의 대립과 종
교적 갈등으로 평안한 날이 없던 시대, 권위와 권력의 공백
이 초래하는 무정부 상태는 많은 사람들에게 재난일 뿐이
기 때문이다. 그 같은 야만적인 상태를 끝맺고 평화를 가져
오는 길은 국민주권을 통해 형성된 국가의 통치밖에는 없
었다.

그러나 홉스가 〈리바이어던〉을 통해 꿈꿨던 주권 재
민, 생명 존중, 평화 공존의 세계는 그의 사후 300년이 지

났지만 아직까지 도래하지 않고 있다. 그동안 근대 세계는 두 차례의 세계대전과 미-소 냉전 구도 하에서 이데올로기적 질서와 반목, 군사적 위협 속에서 살아왔다. 소련의 해체로 냉전 구도는 허물어졌으나 지역 분쟁은 계속되고, 세계화의 진전으로 국가와 국가 간의 갈등이 줄지 않고 있는 것.

특히, 우리나라는 전쟁과 분단, 오랜 독재정권 하에서 국민의 생명과 인권, 말할 자유와 협약의 권리가 보장되지 않은 국민주권이 사라진 폭압적인 삶을 겪었으며, 1987년 이후의 민주화 열기에 힘입어 권위주의 정권이 사라지고 시민사회가 활성화되었다고는 해도 탈산업화, 탈냉전화, 탈권위화가 급진전되면서 계급, 계층, 이념, 세대, 정파 사이의 갈등 폭발로 사회와 국민 통합이 힘겨운 상태다.

이러한 모순과 갈등을 줄이거나 없애기 위한 대안적 정치체제를 발견하고 공고화하기 위해 민주주의 이념은 어원상 두 가지 목표―양적인 측면에서 지배자를 소수에서 절대적 다수로 변화시키는 것과 질적인 측면에서 어느 누구도 다른 사람의 지배자가 될 수 없도록 구성원 간의 정치적 평등과 공적 자유를 추구하는 것―의 통일을 이상으로 삼는다. 그리고 전자를 강조하면 자유민주주의 또는 다원민주주의 모델이고, 후자를 강조하면 토의민주주의 또는 공화민주주의 모델이다.

우리 민주주의의 과제는 1987년을 경계로 양적 측면

에서 질적 측면으로 이전되고 있다. 양적 측면에서는 정치 주체가 독재자에서 국민 다수로 바뀌었으나, 질적 측면에서는 갈등이 폭발하고 있다는 점에서 어느 누구도 지배자가 될 수 없는 사회 상태를 만들지 못하고 있기 때문이다.

홉스의 생전에는 물론, 사후에도 호의적이지 못하던 〈리바이어던〉에 대한 평가가 오늘날에 와서야 재검토되는 이유는 그의 시대와 우리의 시대가 질적으로는 달라도 시민들이 공론장에서 이념, 이익, 세대, 지역 간의 대립을 넘어 말과 토론을 통해 국민 통합이란 리바이어던을 창출하려는 강한 열망을 가지고 있기 때문일 것이다.

[문제 1] 아래 제시문들은 개인과 공동체 또는 공익과 사익 간의 관계를 다룬 민주주의에 관한 것이다. 〈가〉와 〈다〉의 관점에서 〈나〉를 비판해 보고 개인과 공동체의 바람직한 관계에 대안적 모델을 제시해 보시오.(1,000자)

[문제 2] 〈라〉와 〈마〉를 요약하고(200자), 87년 민주화 이후 한국 사회에서 일상화된 계급 간 갈등, 계층 간 갈등, 세대 간 갈등, 지역 간 갈등의 예를 들어보고, 이 같은 갈등을 해소할 수 있는 바람직한 정치 · 경제 · 사회적 해법 또는 대안 모델을 제시해 보시오(1,500자).

(가)

나는 우리의 정부 조직이 이웃 국가들의 제도들을 모방하지 않았음을 말하고자 합니다. 우리가 다른 사람들을 본받은 것이라기보다는 다른 사람들에게 본보기가 된 것입니다. 우리의 정치체제는 민주주의(demokratia)라고 부르는데, 이는 권력이 소수의 손이 아니라 전 국민의 손에서 나오기 때문입니다. 사적인 분쟁을 해결하는 문제에서 모든 사람은 법 앞에서 평등합니다. 그러나 어떤 사람을 공적인 책임 있는 자리에 다른 사람보다 위에 둘 때 중요하게 고려되는 것은 그의 출신 성분이 아니라 그의 실제적인 능력입니다. 어떤 사람에게 국가에 봉사할 능력이 있다면, 가난 때문에 정치적으로 빛을 못 보는 일은 없습니다. 그리고 우리의 정치 생활이 자유롭고 개방적이듯이 다른 사람들과의 관계에서 일상생활 또한 개방적입니다. 만일 우리 이웃이 자기 방식대로 즐긴다 해서 그 사람에게 화를 내지 않으며, 또는 실제적인 해를 입히는 것은 아니나 감정을 상하게할 수 있는 불쾌한 표정조차 내보이지 않습니다. 우리는 우리의 사생활에 대해서 자유롭고 관용적입니다. 그러나 공적인 문제에서 우리는 법을 준수합니다. 그 이유는 법은 우리가 존중할 만큼 가치가 있기 때문입니다.

(중략)

각 개인은 자신의 개인적인 일뿐만 아니라 국가의 일에도 관심을 가집니다. 대체로 자신의 사업에 몰두하고 있는 사람들조차 전반적인 정치문제에 대해서 잘 알고 있는데 이 점이 바로 우리의 특징입니다. 우리는 정치에 무관심한 사람을 자신의 일에만 몰두한다고 말하지 않고 우리와는 전혀 무관한 사람이라고 말합니다. 우리 아테네인들은 우리 자신의 시민단 안에서 정책을 위한 결정을 내리거나 정책들을 적절한 토론에 회부합니다. 왜냐하면 우리는 말과 행동 사이에 불일치는 없다고 생각하기 때문입니다. 가장 나쁜 것은 적절한 토론을 거쳐 결론을 내기 전에 성급하게 행동하는 것입니다. 그리고 이 점이 다른 나라 사람들과 우리와 또 다른 점입니다. 우리는 모험을 하는 동시에 그것들을 미리 평가할 수 있습니다. 다른 사람들은 무지로 인해 용감하고 생각하기 위해서 멈추었을 때 그들은 두려워하기 시작합니다. 그러나 참으로 용감한 사람은 인생에서 감미로운 것과 고통스러운 것의 의미를 가장 잘 알고, 그리고 나서 앞에 올 일들을 맞으러 아무 거리낌이 없이 나아가는 자입니다.

— 페리클레스 연설, 투키디데스, 펠로폰네소스 전쟁 6, 37-39

(나)

고전적 민주주의 이론에 관한 우리들의 주요 난점은 다음과 같은 점에 있다. 즉 '인민'(the people)은 모든 개개의 문제에 관하여 명백하고 합리적인 의견을 가지고 있는 존재로서, 민주주의 정치체제에서 그들 '인민'은 자신들의 의견이 집행되도록 노력할 '대표자'(representatives)의 선출을 통해서 그 자신의 의견을 실행하고자 한다는 주장이 그것이다. 고전적 이론에서 민주주의적 협정의 근본 목적은 정치문제의 결정권을 선거민에게 귀속시킨다는 점에 있으며, 따라서 대표를 선출하는 것은 오히려 부차적인 문제가 된다. 그렇다면 이제 두 가지 요소의 역할을 서로 바꿔, 선거민에 의해서 정치문제를 결정한다는 것을 부수적인 것으로 가정해 보기로 하자. 즉 우리들은 여기서 인민의 역할이 정부를 만들어내는 것, 또는 차후에 국가의 최고 행정관과

정부를 산출할 중간단체를 만들어내는 것이라고 보는 입장에 서게 된다. 따라서 우리들의 정의는 다음과 같다. 즉 민주주의적 방식이라 함은 정치적 결정에 도달하기 위해 인민의 표를 얻기 위한 경쟁을 통해 결정권을 얻고자 하는 것을 그 협의내용으로 하는, 하나의 제도상의 협정이며 제도적 장치라는 것이다.

—Joseph Schumpter, *Capital, Socialism and Democracy*(New York: Haper & Row Publishers 1975, originally published in 1943)

20장 3절, 22장 3절 중 일부

(다)

철학이 나타나기 이전의 그리스에서 행위의 연약성에 대한 본래의 치료법은 폴리스의 구축이었다. 폴리스는 그리스에서 폴리스가 생겨나기 이전의 경험 및 인간의 공동생활을 가치 있는 것으로 만드는 것, 즉 '말과 행위의 공유'에 대한 평가로부터 탄생했으며, 그것에 기초하고 있었다. 그런데 이 폴리스는 이중적 기능을 갖고 있었다. 첫째, 폴리스는 몇 가지 제한에도 불구하고, 사람들이 어떤 일을 지속적으로 할 수 있게 해주는데, 이 일은 예전에는 예외적이고 흔하지 않은 상황에서만 실현가능했고, 또 이를 위해 사람들은 자신의 가정을 떠나야만 했다. 폴리스는 '불멸의 명예'를 얻는 기회를, 즉 말과 행위로 그가 누구인가를 자신의 유일한 차이성을 통해 보여주는 기회를 배가시키는 것으로 여겨졌다. (중략) 폴리스의 두 번째 기능은 폴리스 이전에 경험한 행위의 위험성과 밀접한 관련이 있는데, 그것은 행위가 망각되지 않고 실제로 '불멸적'인 것이 될 가능성이 희박했기 때문이다. 호머는 시인의 정치적 기능을 알려주는 뚜렷한 사례이며, 따라서 '모든 헬라인의 교육가'였다. (중략) 정확히 말한다면, 폴리스는 지리적으로 자리 잡은 도시국가가 아니다. 폴리스는 사람들이 함께 행위하고 말함으로써 발생하는 사람들의 조직체이다. 그리고 폴리스의 참된 공간은, 그들이 어디에 있든지 간에, 이 목적을 위해 함께 살아가는 사람들 사이에 존재한다. "네가 어디로 가든지 간에 너는 폴리스가 될 것이다." 이 유명한 말은 단순히 그리스의 식민지화의 모토가 아니다. 행위와 말은 사람들 사이의 공간, 즉 언제 어디서든지 자신의 적당한 위치를 발견할 수 있는 공간을 창조할 수 있다는 확신을 이 말들은 표현하고 있다. 폴리스는 가장 폭넓은 의미에서 현상의 공간이다. 이 공간에서 나는 타인에게, 타인은 나에게 현상한다. (중략) 행위하고 말하는 사람들 사이의 잠재적 현상 공간인 공론영역을 존재하게 하는 것이 권력이다. (중략) 권력은 언제나 잠재적 권력이며, 세력이나 힘과 같이 불변하고 측정가능하여 의지할 만한 그런 실제가 아니다. 힘이 고립된 개인에게서 볼 수 있는 자연적 성질인 반면에 권력은 함께 행위하는 사람들 사이에서 생겨나서 사람들이 흩어지는 순간에 사라진다.

—한나 아렌트 〈인간의 조건〉 이진우 · 태정호 역,

한길사. pp. 258-263

(라)

국가는 공동선(共同善)을 실천하기 위해 존재하고 국가 정책은 공익(公益)의 실현을 목표로 해야 한다. 그런데 이 공동선과 공익이 어떻게 결정되느냐에 따라 두 가지 종류의 민주주의가 있다. 하나는 다원주의적 민주주의(pluralistic democracy)다.

이는 공동선 내지 공익이란 기본적으로 사익(私益)들 간의, 즉 이익집단들 간의 이해관계의 절충과 타협이라고 보고 이를 위한 노력을 민주주의라고 본다.

예컨대 의약분업에서 의사와 약사들의 이해관계를 잘 조화 · 절충하면 그것이 그대로 공동선이고 민주주의라는 것이다. 그런데 이런 식의 민주주의 아래서는 이익집단들은 모든 방법을 동원해 자신들의 이해관계를 공익의 결정, 즉 국가 정책의 결정에 최대한 반영시키려고 노력한다. 결국 목소리가 큰 이익집단들(전문직종, 기업주, 대기업 노동자 등)만이 국가 정책 결정에 큰 영향력을 미치게 되고 그렇지 못한 집단들(소비자, 농민, 중소기업의 노동자 등)의 주장은 제대로 반영되지 못한다. 결국 누구의 주장이 옳으냐가 아니라 누구의 목소리가 크냐가 중요해진다.

다른 하나의 민주주의는 소위 공화주의적 민주주의(republican democracy)다. 이는 공동선은 근본적으로 사익보다 한 차원 높은 가치로 이해한다. 공익은 단순한 이익집단들 간의 이해의 절충이나 타협이 아니다. 공동선이나 공익은 사회구성원 모두가 자신들의 사적 이해관계를 뛰어넘어, 과연 무엇이 공동체 전체에 이익이 되고 선(善)이 되는가를 진지하게 사색하고 토론해야만 발견될 수 있는 것으로 본다.

따라서 사익의 주장이 아니라 오히려 사익의 자제가 요구된다. 민주주의의 성공을 위해서는 이익집단들은 자기 목소리를 낮추고 그 대신 공동체의 발전을 위해 각자가 어떠한 기여를 할 것인가를 고민해야 한다. 그리고 사회구성원들도 선공후사(先公後私)의 공동체의식과 개명된 시민정신을 갖춰야 한다.

이래가지고 이 땅에 과연 올바른 민주주의의 꽃을 피울 수 있을까? 이미 많이 늦었지만 지금이라도 우리가 건설하려는 민주주의란 과연 어떠한 내용인지, 민주주의의 기본 가치와 원칙은 무엇이어야 하는지 등에 대한 진지한 국민적 토론과 교육 그리고 각자의 자기성찰이 있어야 하겠다.

—박세일 "두 가지 민주주의" 중앙일보 2001.9.21

(마)

　최근 특수이익들의 분쟁이 최대 정치사안의 하나로 떠오르고 있다. 의약분업을 둘러싼 의사단체와 약사단체 간의 갈등과 분쟁, 민주노총의 총파업 돌입, 대한항공 조종사들의 파업계획, 지방자치정부·토지소유자·건설업자들이 결탁해 빚어내는 국토 난개발과 환경문제 등 최근 잇따라 발생하고 있는 공익과 사익의 충돌, 사익과 사익의 분쟁 사례들은 하나같이 우리의 일상생활에 크고도 직접적인 영향을 미치는 중대 사안들이다. 정부나 언론이나 사회 모두 이 특수이익들을 다루는 문제에서만큼은 모두 도덕적으로 접근한다는 점에서 공통적이다. 우리 사회 모두가 이들을 반공익적·반사회적 집단이기주의로 규정하고 도덕적으로 질타하는 일에 익숙해 있다. (중략)

　그러나 이런 일면적이면서도 도덕적인 접근만으로는, 특수이익을 올바로 이해하기도 어려우며 이를 해결할 수 있는 메커니즘을 발전시키는 더더욱 어렵다. 얼핏 전에는 없던 이들 반공익적이고 사회분열적인 특수이익들이 민주화와 더불어 갑자기 터져 나오면서 사회를 사익의 쟁투장처럼 보이게 하고, 이에 대해 도덕적 분노를 터트리게 한다. (중략)

　특수이익들이 지난날의 권위주의 체제 아래에서 없었던 게 아니라, 국가 권력에 의해 억압됐기 때문에 표출되지 못하고 있었을 뿐이다. 이들 조직화된 특수이익들과 재벌처럼 개별적이지만 강력한 사익들은, 배면에서 국가 권력과 행정조직 속으로 침투해 관-특수이익 유착관계를 형성하면서 강력한 로비와 유착을 통해 자신들의 이익을 관철시켜 왔다. 따라서 권위주의 아래에서 정부의 정책은 공익 증진의 모습으로 나타나지만 민주주의 아래에서보다 더욱 더 특수이익의 내용을 갖는 것이 될 수밖에 없다.

문제는 사익에 기반한 집단이기주의가 아니라, 사적 특수이익들을 공론의 장으로 끌어내 공익적 토의와 심의과정을 가지며, 공익의 기준에서 분쟁을 해결할 수 있는 메커니즘을 발전시키는 일이다. 민주주의란 사익들이 분출하고 쟁투하는 조건 아래에서 무엇이 공익인가를 정의하고 그 영역을 발견하고 이를 정책으로 실현하는 과정 이상이 아니다. 어떠한 방법으로 이런 메커니즘을 발전시킬 것인가 하는 문제가 곧 한국적 민주주의의 모델인 것이다. 이제 우리 사회도 민주주의의 가장 핵심적 문제를 다루지 않으면 안 되는 시점에 이르렀다.

　　―최장집 "집단이기주의와 민주주의" 한겨레신문 2001.3.7

SPARKNOTES™

미국에서 1억부 이상 판매된 기적의 논술가이드
클리프노트가 한국에 상륙했다!!

방대한 고전을 하루만에 독파하는 스피드
다락원 **명작노트** CliffsNotes™ 시리즈는

▶ 미국대학위원회, 서울대, 연·고대 추천 고전을 알기 쉽게 재구성한 대한민국 대표 논술교과서입니다. ▶ 작품의 핵심내용과 사상, 역사적 배경, 심볼, 작가의 의도 등을 명확하게 정리하여 방대한 원작을 쉽고 빠르게 이해할 수 있게 해줍니다. ▶ 미국에서 리포트, 논술용으로 1억 부 이상 팔린 초베스트셀러의 명성에 비평적 사고와 논리적 글쓰기의 모델을 제시하는 〈一以貫之〉의 논술 노트를 통해 사고 능력, 읽기 능력, 쓰기 능력을 체계적으로 길러줍니다.

★ 〈一以貫之〉 논술연구모임: 대입 논술이 시작될 때부터 학원과 학교에서 논술을 가르쳐온 전문가들의 모임입니다. 현재 서울·분당·평촌·인천·광주·부산·울산 등의 유명 학원과 고등학교의 논술강의 현장에서 학생들이 '자신의 물음'과 '자신의 생각'을 갖고 '자신의 글'을 쓸 수 있도록 도와주고 있습니다.

다락원 **명작노트** CliffsNotes™ 시리즈 50권 출간